英語で読む
アインシュタイン

Albert Einstein

ジェイク・ロナルドソン=著
鹿野 晴夫=英語解説

装　　幀＝斉藤　啓
翻　　訳＝IBC編集部
カバー写真＝ⓒCORBIS/amanaimages

目次

まえがき *4*

本書の構成 *6*

アルベルト・アインシュタインの生涯 *7*

アルベルト・アインシュタインの業績 *12*

Part 1   15

TOEIC®/ビジネスで役立つ表現 1 .... *46*

Part 2   53

TOEIC®/ビジネスで役立つ表現 2 .... *92*

Part 3   101

TOEIC®/ビジネスで役立つ表現 3 .... *132*

Part 4   139

TOEIC®/ビジネスで役立つ表現 4 .... *170*

記憶に残るアインシュタインの言葉の数々 *52, 100, 138*

付録：物理系ワードリスト400 .... *176*

まえがき

　アインシュタインの人生は、日本の歴史とも関係しています。彼は、1922年（大正11年）に、改造社という出版社の企画で日本を訪れ、東京・仙台・名古屋・京都・大阪・神戸・福岡で講演を行っています。彼は、日本に向かう途上、香港から上海に向かう船上で、ノーベル物理学賞受賞の電報を受け取りました。このニュースは日本にも伝えられ、神戸港に上陸した瞬間から、各地で熱狂的な歓迎を受けることになります。あまりの騒動に、最初は閉口していたアインシュタインでしたが、それが日本人の敬愛の念から来るものであることを知って、彼は大の親日家になったと言われています。

　アインシュタインは、1932年に3度目のアメリカ訪問をしました。しかし、翌年には、アドルフ・ヒトラー率いるナチスがドイツで政権を取り、ユダヤ人への迫害を強めます。ユダヤ人である彼は、仕方なくアメリカに残り、1935年にアメリカの永住権を取得します。1939年、ヒトラーが原爆開発を進めていると聞いたアインシュタインは、ヒトラーに対抗するためにアメリカも原爆を開発するよう進言する手紙を、フランクリン・ルーズベルト大統領に送ります。彼は、その後の原爆開発（マンハッタン計画）には一切関与しませんでしたが、1945年に広島への原爆投下のニュースを聞き、強い衝撃を受けることになります。

　アインシュタインは、ドイツにいた頃から平和主義者でしたが、原爆開発のきっかけを作った罪の意識から、平和運動に強

く関わるようになります。ちょうどその頃、ソ連が原爆実験に成功し、1953年には水爆実験にも成功します。翌年には、アメリカもマーシャル諸島のビキニ環礁で水爆実験に成功しますが、その際に死の灰をかぶったのが第五福竜丸です。アインシュタインは、1955年、核兵器廃絶と戦争廃止を訴える「ラッセル＝アインシュタイン宣言」に署名します。その2日後、彼は病に倒れ、帰らぬ人となります。彼の遺言とも言えるこの宣言には、湯川秀樹も署名し、のちの「パグウォッシュ会議」へと発展していきます。

　アインシュタインの発見した、$E=mc^2$の公式で有名な「特殊相対性理論」は、あまりにも有名です。そして、誰もが彼を天才物理学者と呼びます。しかし、彼自身は、発明はユニークな発想と考え、自分を天才だとは思っていなかったといいます。それは彼の「私は天才ではない。ただ人よりも長く一つのことと付き合っていただけだ」という言葉にも表れています。彼の生涯を通じて、彼の生きてきた時代、日本との関わり、さらに偉大な発明を生んだ彼のユニークな発想がどこから来たのかを読み取ってください。

　　　　　　　　　　　　　　　　　　　　　　　鹿野　晴夫

本書の構成

本書は、

- □ 英日対訳による本文
- □ 欄外の語注
- □ 物理系英語（電気編・波動編・運動編・エネルギー編）のワードリスト
- □ アインシュタイン年表とコラム
- □ MP3形式の英文音声

で構成されています。

　本書は、相対性理論によって万人の宇宙観を変えたといわれるアルベルト・アインシュタインの一生を簡易な英語で表した本文に、日本語訳をつけました。

　各ページの下部には、英語を読み進める上で助けとなるよう単語・熟語の意味が掲載されています。また英日の段落のはじまりが対応していますので、日本語を読んで英語を確認するという読み方もスムーズにできるようになっています。またパートごとに英語解説がありますので、本文を楽しみながら、英語の使い方などをチェックしていただくのに最適です。

●付属のCD-ROMについて

本書に付属のCD-ROMに収録されている音声は、パソコンや携帯音楽プレーヤーなどで再生することができるMP3ファイル形式です。一般的な音楽CDプレーヤーでは再生できませんので、ご注意ください。

■音声ファイルについて

　付属のCD-ROMには、本書の英語パートの朗読音声が収録されています。本文左ページに出てくるヘッドホンマーク内の数字とファイル名の数字がそれぞれ対応しています。
　パソコンや携帯プレーヤーで、お好きな箇所をくり返し聴いていただくことで、発音のチェックだけでなく、英語で物語を理解する力が自然に身に付きます。

■音声ファイルの利用方法について

　CD-ROMをパソコンのCD/DVDドライブに入れて、iTunesなどの音楽再生（管理）ソフトにCD-ROM上の音声ファイルを取り込んでご利用ください。

■パソコンの音楽再生ソフトへの取り込みについて

　パソコンにMP3形式の音声ファイルを再生できるアプリケーションがインストールされていることをご確認ください。
　CD-ROMをパソコンのCD/DVDドライブに入れても、多くの場合音楽再生ソフトは自動的に起動しません。ご自分でアプリケーションを直接起動して、「ファイル」メニューから「ライブラリに追加」したり、再生ソフトのウインドウ上にファイルをマウスでドラッグ＆ドロップするなどして取り込んでください。
　音楽再生ソフトの詳しい操作方法や、携帯音楽プレーヤーへのファイルの転送方法については、ソフトやプレーヤーに付属のマニュアルで確認するか、アプリケーションの開発元にお問い合わせください。

アルベルト・アインシュタインの生涯

祖父母

アインシュタインの父方の祖父母、アブラハムとヘレン・アインシュタイン。2人ともドイツに生まれたユダヤ人で、7人の子どもに恵まれた。

父

ヘルマン・アインシュタイン（1847–1902）。ドイツのシュツットガルトの中等学校に通い、成績も優秀だったが、貧しかったために進学できず、商人になることを決意。学生時代はとくに数学が得意だった。

母

パウリーネ・アインシュタイン（旧姓コッホ、1858–1920）。ドイツ、カンシュタットのユダヤ人一家に生まれる。芸術を愛する教養の高い女性で、とくに音楽（ピアノ）を好んだ。その影響もあり、アインシュタインは幼くしてバイオリンを習い始めた。

1879年	3月14日、ドイツ南部のウルム（バイエルン）市でユダヤ人夫婦（ヘルマン・アインシュタインとパウリーネ・コッホ）の間に、長男として生まれる。
1880年 [1歳]	父ヘルマンの事業失敗により、ミュンヘンに移る。
1885年 [6歳]	5歳頃まであまり言葉を話さなかったが、母（パウリーネ）の影響でバイオリンを始める。父に方位磁石をもらい、自然界の仕組みに対する興味を持つきっかけになるが、通っていた公立校では校風に馴染めなかった。
1888年 [9歳]	ルイトポルト・ギムナジウムに入学。この頃、ピタゴラスの定理を知り、その定理を自力で証明した。
1891年 [12歳]	ユークリッド幾何学の本をもらい独習。この頃、微分・積分学にも興味を持ち独自に学んだ。
1894年 [15歳]	父親が事業に失敗し、一家はイタリアへ移住。アインシュタインはミュンヘン州立学校卒業のためドイツに残ったが、結局は中退し一家を追う。

1882年、3歳頃のアインシュタイン。現存する最も古いアインシュタインの写真とされる。言葉を理解したり、話したりすることが苦手だったと言われる。

1891年、3歳年下の妹マヤと。兄妹は生涯仲が良く、幼少期のアインシュタインにとって、マヤは唯一の友だちだった。

1893年、14歳になったアインシュタイン。学校には馴染めず、苦労したようだが、数学に関してはすでにその才能の片鱗をのぞかせていた。

1895年 [16歳]	スイス連邦工科大学チューリッヒ校の受験に失敗するが、アーラウ州立学校を卒業することを条件に翌年の入学権利を得る。アーラウ州立学校の自由な校風と、視聴覚教育に力を入れた学習システムは、アインシュタインによく馴染み、飛躍の年になった。この頃、ドイツ国籍を放棄。
1896年 [17歳]	アーラウ州立学校卒業。スイス連邦工科大学入学。大学の自由な校風と好きな分野の学業を満喫する。アインシュタインは興味のない授業はよくサボり、教師に対して反抗的なところがあった。将来結婚することになる同級生、ミレーバ・マリッチと出会う。
1900年 [21歳]	スイス連邦工科大学卒業。物理学部長と不仲であったため大学に残ることができず、保険外交員や家庭教師のアルバイトなどをして生計を立てる。就職が決まらないこと、ミレーバとの結婚に反対されること、父親の事業がうまく行かないことなどが重なり、苦しい時期が続く。
1901年 [22歳]	スイス国籍を取得。
1902年 [23歳]	スイス特許庁に審査官として就職。特許申請書類に書かれた様々な発明理論や数式に触れ、また物理学の研究に費やす時間も得る。この年、アイシュタインの父親が他界。
1903年 [24歳]	ミレーバと結婚。翌年には長男ハンスが生まれる。
1905年 [26歳]	「光量子仮説」「ブラウン運動の理論」「特殊相対性理論」などに関連する5つの論文を立て続けに発表し、アインシュタインにとって「奇跡の年」となる。物理学の地平を大きく広げる。彼の大発見はしかし、発表当初は理解されず、物議を醸すことさえなかった。しかし量子論の父とも呼ばれる当時最高の科学者の一人であったマックス・プランクの目に留まり支持されたことをきっかけに、徐々に受け入れられていく。
1907年 [28歳]	質量とエネルギーの等価性およびその定量的関係を表す有名な方程式 $E=mc^2$ を発表。
1909年 [30歳]	特許局に辞表を提出、チューリッヒ大学の助教授に就任。ジュネーヴ大学から名誉博士号を受ける。

1900年頃のアインシュタインとミレーバ・マリッチ(最初の妻)。ミレーバは旧オーストリア=ハンガリー帝国(現・セルビア)生まれ。女性ながら数学・物理の成績が良く、当時女性にも門戸を開いていたスイス連邦工科大学に入学し、アインシュタインと出会う。長男ハンス、次男エドゥアルドをもうける。

アインシュタインにとって「奇跡の年」となった1905年。26歳の若き学者となっても、相変わらずベルンの特許局で働いていた。

1910年 [31歳]	プラハ大学の教授に就任。 次男エドゥアルド誕生。
1911年 [32歳]	第一線の科学者たちが集うソルベー会議に最年少で出席。アインシュタインが成功するにつれ、同じく学者肌であった妻ミレーバの孤独は深まり、2人の関係は疎遠になっていく。
1912年 [33歳]	母校であるスイス連邦工科大学の教授に就任。
1913年 [34歳]	プロイセン科学アカデミーの会員となり、ベルリンへ移住。妻ミレーバとは不仲の状態が続き、子供共々別居となる。
1914年 [35歳]	平和行動について記した「ヨーロッパ人への宣言」を発表。
1916年 [37歳]	「一般相対性理論」を発表。その中には星の重力により光が曲げられるという仮説が含まれているが、これは後に実証される。
1917年 [38歳]	肝臓病や黄疸などいくつかの病気に苦しむ。いとこであり恋仲であったエルザ・レーベンタールが看病にあたる。
1919年 [40歳]	ミレーバとの離婚が成立。エルザと再婚する。アインシュタインの母が逝去。この年、長らく望まれていた好天候下での日食の観測が実現し、光の歪曲が観測され、「一般相対性理論」が実証される。アインシュタインは一躍、世界的に有名な科学者となった。
1922年 [43歳]	前年よりアメリカ、イギリス、フランスを旅し、この年にはアインシュタインと妻エルザが来日。各地で公演をし、一ヶ月以上滞在した。日本へ向かう船上で、「光電効果の発見」でノーベル賞を受賞したことを知る。
1931年 [52歳]	12月に3度目の訪米。ナチスの驚異的な飛躍を見て、ドイツを去ろうという考えを持ち始めた。

1927年に開催された第5回ソルベー会議の様子。

ベルリン大学の研究室にいるアインシュタイン(1920年)。健康を損ない、離婚後の不安定なアインシュタインのそばには3歳年上のエルザがいつも寄り添い、食事など生活面一切の面倒を見ていた。

1931年、映画「街の灯(City Lights)」のプレミアム試写会に出るアインシュタインとエルザ。中央は、映画の監督・主演のチャールズ・チャップリン。
©CORBIS/amanaimages

1932年 [53歳]	ニュージャージー州のプリンストンに高等学術研究所を新設するため、議論を重ねる。夏にはナチスの勢いがさらに増したことを受け、12月、2度とドイツには戻らない事を覚悟して、アインシュタインは蒸気船オークランドに乗り込み、再びカリフォルニアに向かった。
1933年 [54歳]	アメリカのプリンストン高等学術研究所の教授に就任。プロシア科学アカデミーを辞任。1月にドイツではヒトラー率いるナチス政権が発足し、アインシュタインの別荘にもナチスの家宅捜索が入った。アインシュタインは国家反逆者指定を受けた。
1935年 [56歳]	ボリス・ポドルスキー、ネイサン・ローゼンと共にアインシュタイン=ポドルスキー=ローゼンのパラドックス（量子力学と相対性理論の矛盾）を発表。アメリカでの永住権を取得。
1936年 [57歳]	ワームホールの概念をネイサン・ローゼンと共同で発表。妻エルザ死去。
1939年 [60歳]	フランクリン・ルーズベルト大統領宛の、原子力とその軍事利用への可能性について触れた手紙に署名。アインシュタインはしかし原子爆弾の開発には関わっていない。

1933年、ロサンジェルス郊外のパサデナからニューヨークへ向かうアインシュタインとエルザ。この後、2人はドイツに戻ることはなく、静かな大学町であるプリンストンに落ち着いた。
©CORBIS/amanaimages

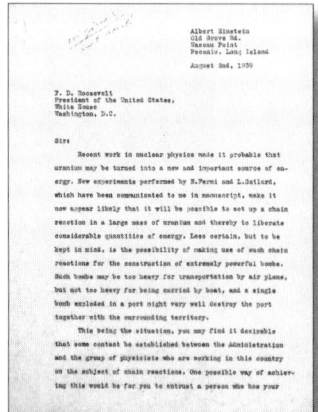

ナチスの迫害を逃れてアメリカに亡命したアインシュタインは、それまでの平和主義者の立場から一転、武器を取ってドイツに立ち向かうことを主張し始める。原爆の開発をうながす1939年8月2日付けのルーズベルト米大統領に当てた手紙に、悩んだ末、署名した。

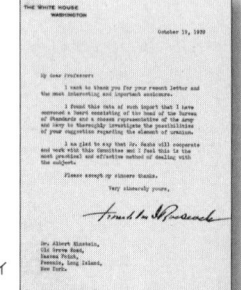

ルーズベルト大統領からアインシュタインらへの返事。

1940年 [61歳]	アメリカ国籍を取得。
1943年 [64歳]	アメリカ海軍省兵器局の顧問に就任。魚雷の起爆装置の改善に尽力した。
1945年 [66歳]	3月に原爆投下を止めるようルーズベルト大統領に5度目の手紙を送る。結局、日本へ原爆が落とされ、衝撃を受ける。
1946年 [67歳]	原子科学者緊急委員会議長を引き受ける。また、国連総会に世界政府樹立を提唱。
1948年 [69歳]	イスラエル建国。大統領就任を要請されるも拒絶。アインシュタインはイスラエル政治に対する批判をニューヨーク・タイムズ紙上に発表した。
1952年 [73歳]	イスラエルの初代大統領が死去し、アインシュタインに2代目大統領就任の要請が来るが、これを辞退。
1955年 [76歳]	アインシュタイン、76歳で死去。 彼の死後、核兵器の根絶と科学技術の平和的利用を世界に訴えた宣言文「ラッセル＝アインシュタイン宣言」が発表される。アインシュタインは「統一場理論」の追及を死ぬまでの30年間続け、完成させることなく亡くなったが、今も多くの学者がその後を引き継いでいる。

ニュージャージー州トレントンで、アメリカ市民となることを宣誓するアインシュタイン。科学者でありながら、アメリカ国籍を取得した初めてのドイツ人だった。©CORBIS/amanaimages

1948年、プリンストンのアインシュタイン自宅。放射能研究でノーベル物理学賞を受賞したキュリー夫人の孫、イレーヌ・ジョリオ＝キュリーと話すアインシュタイン。
©CORBIS/amanaimages

アルベルト・アインシュタインの業績

1905年3月　光電効果の論文完成（光量子説の発表）

光電効果自体は以前から知られていたが、旧来の物理学では説明のできない現象であった。アインシュタインは光量子仮説を導入することにより、この現象を説明付けることに成功した。光電効果の理論は1921年のノーベル物理学賞受賞の功績となった。

1905年4月　分子の大きさの新しい決定法の論文完成（発表は翌年1906年）

高分子の大きさを推定するためにこの理論が用いられ、一時期はアインシュタインの論文の中で一番引用の頻度が高いものであったという。

1905年5月　「ブラウン運動」に関する論文の提出

微小な粒子の運動（ブラウン運動）が分子の熱運動によるものであることを推測。熱とは分子の運動によるものであると証明し、同時に分子・原子の存在を確実にあるものと証明することになった。

1905年6月　特殊相対性理論に関する論文の提出

「時間はすべてに対し不変である」というニュートン力学に対し、「光の速さこそが不変なのであり、それ以外の物はすべて相対的なものなのである」と光の伝達をすべての基準に置き、物理学の体系を根本から再構築した革新的な論文。

1907年　質量とエネルギーの関係式 $E=mc^2$ を発表

特殊相対性理論の帰結として発表した関係式。エネルギー＝質量×光速度の2乗という意味である。質量とエネルギーの等価性およびその定量的関係を表している。

1915–1916年　加速度運動と重力を取り込んだ一般相対性理論を発表

一定の条件下のもとにのみ成り立っていた特殊相対性理論を一般化することに成功した。

1915年　光が引力の影響を受けて曲がることを予測

一般相対性理論の中で、遠方から来る光が太陽のすぐ近くを通る場合には太陽の引力の影響を受けて光が曲がることを予想し、その曲がる角度を予測した。1919年に起きた皆既日食の際に、この予測が観測により確かめられた。

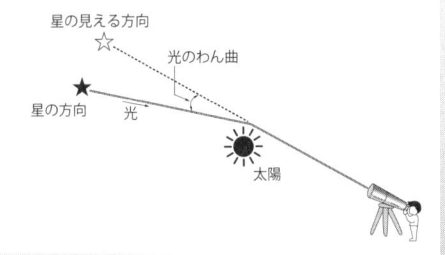

1917年　誘導放出の研究

アインシュタインがこの時期に行っていた誘導放出の理論が、後のレーザーの開発につながっている。

1925年　ボース＝アインシュタイン凝縮の存在を予言する論文を発表

固体・気体・液体などの「物質の相」の種類に新しいものがあることをボースとともに予測した。

1939年　核兵器に関する米大統領への文書に署名

核兵器の使用実現可能性を記した、アメリカ大統領ルーズベルトへの文書に署名した。直接核兵器の開発に関わったわけではなかったが、アインシュタインはこのことを後々まで後悔したという。

1955年　ラッセル＝アインシュタイン宣言

哲学者バートランド・ラッセルとともに核兵器の廃絶や戦争の根絶、科学技術の平和利用などを世界各国に訴える内容。当時の東西冷戦・核開発競争といった世界情勢に対し、核兵器の廃絶・科学技術の平和利用を訴えた宣言。アインシュタインはこの宣言の数か月前に亡くなっており、これが公に発した最後の言葉となった。

PART 1

Young Einstein 16
若き日のアインシュタイン

Einstein's School Years 22
アインシュタインの学生時代

Important Books 28
大切な本

Switzerland 32
スイス

Difficult Times 40
苦難の時期

Young Einstein

Albert Einstein was born on March 14, 1879 in the city of Ulm, Germany. His parents' names were Hermann and Pauline.

Einstein's father Hermann was friendly, kind, and intelligent. He was also very good at math when he was young.

Einstein's mother Pauline was the boss in the family. She came from a rich family, and she was very intelligent. She loved music and was a very good piano player.

When Einstein was born, his family sold beds, but the company closed down. They soon moved to the big city of Munich. In Munich, Hermann opened a new company with his brother Jakob.

■Ulm 名 ウルム《ドイツの都市》　■be good at 〜が得意だ　■math 名 数学　■close down 閉店する、廃業する　■Munich 名 ミュンヘン《ドイツの都市》

若き日のアインシュタイン

　アルベルト・アインシュタインは1879年3月14日、ドイツのウルムの街に生まれた。両親の名はヘルマンとパウリーネ。

　父のヘルマンは優しく、穏やかで、知的な人だった。若い頃は、数学がとても得意だった。

　母のパウリーネは、一家の中心的存在だった。裕福な家に生まれた彼女は、知性豊かな人で、音楽を愛し、ピアノの名手でもあった。

　アインシュタインが生まれたとき、両親は寝具を売って生計を立てていたが、会社は倒産してしまい、間もなく一家は、大都市ミュンヘンへ引っ越すことになった。ヘルマンは、弟のヤコブと一緒に、ミュンヘンで新しい会社を興こすことにした。

Einstein was not like other children. When he was a baby, he did not say his first words until after he was two years old. Hermann and Pauline were very worried about him, and they took him to see many doctors, but no one knew what the problem was. People around him worried that he might never learn to speak well!

Until he was 10 years old, Einstein was not very good at talking. Even when he became an adult, he said, "I rarely think in words at all."

Einstein was very different from other boys. When he was young, he did not like to play sports and games with the other children. He liked to go and sit by himself and think and dream.

Einstein really liked blocks, and he also liked to build houses from playing cards. They say that he could make a house that was 14 stories tall! He did not worry about how many times the houses fell down, and he worked on them for hours and hours.

■no one 代 誰も[一人も]〜ない　■rarely 副 めったに〜しない、まれに、珍しいほど　■rarely 〜 at all ほとんど〜ない　■block 名 （おもちゃの）ブロック　■playing card トランプ（の札）　■story 名 （建物の）階　■fall down 落ちる、転ぶ

アインシュタインは周りの子供たちとは一風変わっていた。赤ん坊だった彼は、2歳になるまで一言も言葉を発しなかった。ヘルマンとパウリーネは息子のことをとても心配し、何人もの医者に診せたが、何が問題なのかは分からなかった。周囲の人々は、この子はこのままずっと、ろくに話すことさえできないのかもしれないと心配したほどだ。

　10歳になる頃まで、アインシュタインはうまく話すことができなかった。彼は大人になってからでさえ、こう言っている。「私は言葉でものを考えるということが、ほとんどない」

　アインシュタインは、他の男の子たちとはまるで違う少年だった。他の子供たちといっしょになってスポーツをしたり、遊んだりすることを好まず、ただ一人で座って、物思いに耽っているのが好きだったのだ。

　アインシュタインは積み木が大好きだった。そして、トランプで家を作るのも好きだった。彼は14階建ての高さの家をつくることができたという！ 積んだカードが何度崩れても気にもせず、何時間でも取り組んでいた。

Einstein also loved music and started to play the violin when he was very young. He loved Mozart, and he practiced playing his music for hours and hours.

Einstein was better at science than music, but they say that if he ever found a question he could not answer, he went and listened to music. Music always helped him find the answer he was looking for.

■if someone ever もし〜なら ■look for 〜を探す

アイシュタインは音楽も好きだった。幼い頃からバイオリンを習い始め、愛するモーツァルトの曲を何時間も弾き続けて練習した。

　アインシュタインは、音楽よりも科学が得意だったが、解けない問題にぶつかるたびに、音楽を聴いていたらしい。音楽は、彼が探し求める答えを見つけ出すのをいつも助けてきたのだ。

Einstein's School Years

Today, many people believe that Einstein was not a good student, and there is a famous story that he once failed math. It is a great story because it gives hope to many poor math students, but it is not true.

The truth is that Einstein was one of the best students in the school. He loved math so much that he often studied difficult math books by himself during the summer. He read Euclid when he was just 10 years old.

Einstein was intelligent, but he did not like to be told what to do. He sometimes made his teachers very angry. He was once made to leave school, and some of his teachers said that he was lazy. One of them said he would never do anything special in his life!

■fail 動 落第する　■poor 形（生徒などが）出来の悪い　■truth 名 事実、真相　■so ~ that… 非常に~なので…　■be made to ~させられる　■leave school 退学する　■lazy 形 怠惰な、無精な

アインシュタインの学生時代

　アインシュタインは実は優秀な生徒ではなかったらしいという話を信じている人も多いようで、数学で一度、落第したという話もよく知られている。数学が苦手な学生たちにしてみると、希望が沸いてくるような話だが、しかしこれは本当のことではない。

　実際には、アインシュタインは校内でもトップクラスに入る優秀な生徒だった。数学が心から好きで、夏休みには難しい数学の本を、誰の手も借りずに読んでいた。彼がユークリッド*幾何学の本を読んだのは、弱冠10歳のときである。

　アインシュタインは賢い子だったが、しかし命令されるのが嫌いだったので、ときどき教師たちをひどく怒らせることがあった。彼は一度退学処分を受けたことがあり、教師の中には彼を怠け者だと言う人もいた。アインシュタインが、生きている間に何か特別なことをすることは決してないだろう、と言う教師もいたほどだ！

***ユークリッド原論**（Euclid）　紀元前3世紀ごろにエジプトのアレクサンドリアで活躍した数学者エウクレイデス（ユークリッド）によって編纂された数学書

Einstein liked to spend a lot of time alone, and it was very easy to make him angry. He often used to throw things at the other children, and one time he threw a chair at his violin teacher!

When Einstein was nine, he started going to a school that was well known for teaching math and science.

Einstein was not interested in space and time until he got older. Most children think about space and time when they are very young, but Einstein did not start thinking about them until he was an adult. Because he was an adult, Einstein was able to think about them more deeply.

Einstein once said that he believed that being a slow child was what helped him to explain the theory of relativity.

Einstein's favorite toy was a compass. One day, when he was sick in bed, his father gave it to him to make him feel better. Einstein loved seeing the way the needle always moved to point north. It made him very interested in the way nature worked.

■used to 以前は〜だった ■be well known for 〜で知られている ■get older 年を取る ■slow child おくての子 ■theory of relativity 相対性理論 ■compass 名 方位磁石 ■feel better 気分がよくなる

アインシュタインは大半の時間を一人で過ごしていたせいか、癲癇を起こしやすい子供だった。彼はしばしば他の子供たちに向かって物を投げつけ、一度などバイオリンの先生に向かって椅子を投げたこともあった。

　9歳になると、アインシュタインは数学と科学の教育で有名な学校に入学した。

　彼は大人になるまで、「時間や空間」といったことについて興味を持つことはなかった。多くの子どもは、小さい頃に、「時間と空間」についてよく考えるものだが、アインシュタインは大人になるまで、考えることをしなった。大人になったからこそ、時間や空間ということを、より深く考えることができるようになったのだ。

　アインシュタインはこう語ったことがある。自分が、多少物わかりが悪くておくてだったせいで、相対性理論を解明することができたと思うと。

　方位磁石は、アインシュタインのお気に入りのおもちゃだった。ある日、病気で寝込んでいたアインシュタインに、父親が元気付けようとくれたものだ。針が常に北を指そうとするのを見るのが大好きだったアインシュタインは、自然界がどのように動くのかに強く興味を持つようになったという。

Young Einstein learned that the compass moved because of magnetic fields, and in his future work, fields were always at the center of his science.

This was the first time that Einstein had the idea that there was more to the world than just the things you could see and touch. He got the idea that he wanted to learn about more than just the mechanical forces in the world. He wanted to understand the hidden ones too.

■magnetic field 磁場、磁界　■field 名（電気・磁気などの）場、界　■mechanical force 力学的な力　■hidden 形 隠れた

幼いアインシュタインは、方位磁石が磁場によって動いていることを学んだ。のちに彼が行う研究において、「場」は常に彼の科学の中心に据えられることになる。
　このとき初めてアインシュタインは、目で見え、触れられる以上のものが、世の中にはあるのだということに思い当たる。彼は、この世界の力学的な力だけでなく、さらにまだ解明されていないものについても理解したいと思い始めたのだ。

Important Books

During Einstein's school days, he was given a set of books called *People's Books on Natural Science* by Aaron Bernstein. Einstein loved the books, and they were very important in helping to make Einstein a great scientist.

The first book talked about the speed of light, and it had a strong effect on Einstein's thinking. First, Bernstein asked the reader to imagine he or she was on a fast-moving train. What happens if you shoot a bullet through the window on one side and it goes out the window on the other side? If you are inside the train, it might seem that the bullet moved at an angle. Why? Because of the time it took to move through the train. The bullet goes straight, but the train is moving.

■fast-moving 形 動きの速い　■shoot a bullet 弾を撃つ　■go out 外へ出る　■on the other side 反対側に　■at an angle 斜めに、傾斜して

大切な本

　アインシュタインは少年時代に、アーロン・ベルンシュタイン*著の『みんなのための自然科学*』という本のセットをもらった。彼はこれらの本を愛読し、そしてこのシリーズが、彼が偉大な科学者になるのに多大な影響を与えることになる。

　シリーズ第1巻目に書かれていた「光の速さ」についての記述は、アインシュタインの考え方に強い印象を与えた。まず著者のベルンシュタインは読者に向けて、高速走行中の列車に乗っている人を想像するよう求めた。その列車の窓に向けて弾丸を発射し、弾が反対側の窓から飛び出していくとき、何が起こるか。あなたがもし列車の中にいたら、弾が車内を斜めに横切るのが見えるだろう。なぜか？ 弾が列車の中を通過する時間がかかるからである。弾はまっすぐに進むが、しかしその間も列車は動いているというわけだ。

＊**アーロン・ベルンシュタイン**（Aaron Bernstein）　ドイツ系ユダヤ人の科学者で著作家、1812-1884
＊**『みんなのための自然科学』**（People's Books on Natural Science）　科学入門書、アーロン・ベルンシュタイン著

Now, let's imagine that the Earth is a train. Bernstein said that the same must be true for light in a telescope. This is because the earth is moving through space very fast.

Now, imagine that someone shoots two bullets. One is shot from close to the train and one is shot from far away. The first bullet will be moving faster, so the angle will be smaller and the second bullet will be moving slower, so the angle will be bigger. But with light, there is no change. Whether a star is close or far away, the angle is always the same.

This means that light always moves at the same speed. It is the most general law in nature. This was very important for Einstein later!

Bernstein said that all the forces in nature could be tied together. He said that since light had the properties of a wave, gravity might also be one. He said that there are laws that are hidden behind everything in nature, and it is possible for people to find them. When Einstein read this, he knew that he wanted to be a scientist and help find them.

■telescope 图 望遠鏡　■move through 進む　■close to ～の近くに　■far away 遠く離れて　■general law 一般法則　■property 图 特性、性質　■gravity 图 重力

では、地球を列車に置き換えて考えてみよう。ベルンシュタインは、同じことが望遠鏡の中の光にも起こるに違いないと書いている。地球も宇宙の中をすごい速度で動いているからだ。

　今度は、2発の弾丸を列車に撃つところを想像してほしい。1発は列車の近くから、もう1発は列車のはるか遠くから撃つ。近くから撃った弾は速度が速く、見える傾きは小さくなるだろう。遠くから撃った弾の速度は遅くなるので、傾きは大きくなるだろう。ところが、光にはこの変化が起こらない。観測する星が近かろうと遠かろうと、望遠鏡に入射する光の角度は一定なのだ。

　これは、光が常に同じ速度で動くということを意味している。これは最も一般的な自然界の法則である。後のアインシュタインにとって、非常に重要な法則だ！
　ベルンシュタインは、自然界にある全ての力は結びついているはずだと述べた。光が波の性質を持っているのだから、重力だってそうかもしれないと。彼は、自然界のあらゆるものには隠れた法則があり、人間がそれを見つけ出すことは可能だとも言っている。アイシュタインはそれを読んだとき、自分もまた科学者になり、それを見つけ出す手助けをしたいと思いはじめていた。

Switzerland

In 1894, when Einstein was 15, his father's company went bankrupt. His parents and sister moved to Italy. They lived in Milan and then moved to a small town close to it. The new town was called Pavia.

Einstein stayed in Munich. He wanted to finish school, but he had a problem with one of the teachers.

The teacher thought that Einstein did not give him enough respect. Einstein was always sitting in the very back, smiling and not listening to what the teacher said. One day, the teacher got angry and said that Einstein had to respect him.

Soon after, Einstein quit the school. We do not know if Einstein was made to leave the school or not, but it is often said that he wanted to leave.

■go bankrupt 破産［倒産］する　■Pavia 名 パヴィア《イタリアの都市》
■respect 名 尊敬　■get angry 腹を立てる　■quit 動 やめる

スイス

　1894年、アインシュタインが15歳のとき、父の会社が倒産した。両親と妹はイタリアへ引っ越し、ミラノに住んだ後、さらに近郊の小さな町に移り住んだ。パヴィアという街で新しい生活がはじまった。

　アインシュタインはミュンヘンに留まった。学校を卒業するためだったが、しかし、彼は教師の1人との間に問題を抱えていた。
　その教師は、アインシュタインが自分にきちんと敬意を払っていないと思っていた。アインシュタインはいつも教室の一番後ろに笑って座り、教師の言うことは聞いていなかった。ある日その教師は、アインシュタインに、敬意を示せと言って怒った。

　そのあとすぐ、アインシュタインは学校を辞めてしまう。アインシュタインが退学したのか、させられたのかは分からないが、彼はしばしば辞めたいと口にしていたという。

One day, Einstein arrived in Italy and told his parents that he never wanted to go back to Germany! He said that he was going to study by himself and try to enter a new school in Zurich. He lived with his parents in the spring and summer of 1895.

Einstein also helped his parents with the family's electric company. He learned many things about magnets and electricity at this time. Everyone in the family said that he was a great worker.

One day, his uncle and an engineer asked him to help them with some calculations. They had been trying to find the answer for days and days, but Einstein was able to do it in just 15 minutes!

Pavia was in the mountains, and during this time, Einstein also spent many happy hours walking in the mountains.

In the fall of that year, Einstein went to Zurich and tried to enter a school called the Eidgenössische Technische Hochschule. He did well in math and physics, but he was not able to enter the school because he was not good enough in other areas of the test.

■by oneself 一人で、独力で　■enter 動 入学する　■Zurich 名 チューリッヒ《スイスの都市》■engineer 名 技師　■calculation 名 計算　■do well 成績が良い ■physics 名 物理学

イタリアに到着したアインシュタインは、もう2度とドイツには戻りたくないと両親に言った。そして自分で勉強して、新しくチューリッヒの学校に受験するつもりでいることを伝えた。そうして彼は、両親と共に1895年の春と夏を過ごすことになった。

　アインシュタインは家族で営む電気会社の手伝いもした。それを通じて、磁石や電気について多くのことを学んだ。家族の誰もが、アインシュタインの働きぶりに感心したという。

　ある日、叔父と1人の技術者が、ある計算のことでアインシュタインに助けを求めたことがあった。彼らは何日も何日も、その答えを出そうと苦労したのだが、アインシュタインはそれをたった15分で解いてしまったのだ！
　パヴィアは山間の町だったので、この時期アインシュタインは山の中を歩き回り、楽しい時間を過ごしていた。

　その年の秋、アインシュタインはチューリッヒに行き、スイス連邦工科大学＊の入学試験を受けた。数学と物理はよくできたが、他の教科のできが悪く、結局、入学できなかった。

＊**スイス連邦工科大学**（Eidgenössische Technische Hochschule）　スイスにある工学系の単科大学、1855–。ドイツ語圏のチューリッヒに位置するチューリッヒ校は、一般には「チューリッヒ工科大学」と呼ばれることが多い

Einstein did not want to give up, so he moved to the town of Aarau near Zurich. He spent another year studying there. The school in Aarau was very good for Einstein because the teachers wanted the students to be creative and free. Einstein was able to study when he wanted and how he wanted.

In Aarau, Einstein also enjoyed walking, playing the violin, and spending time with his first girlfriend, Marie Winteler.

In 1896, Einstein took the test at the Eidgenössische Technische Hochschule again. This time, he passed. He studied to become a teacher of physics and math.

Einstein did not like listening to the teachers, so he did not go to class very often. He was not a bad student, but not a good one either.

If not for his friend Marcel Grossmann, Einstein might have had to leave this school too. While Einstein worked in the library, Grossmann took excellent notes at the lectures, and Einstein used them to study from.

■give up あきらめる、やめる　■Aarau 图 アーラウ《スイス、アールガウ自治州の州都》■take a test 試験 [テスト] を受ける　■pass 動 合格する　■If not for もし～がなかったら　■take notes ノートを取る　■lecture 图 講義

諦められきれなかったアインシュタインは、チューリッヒ近くのアーラウという町へ移り住み、そこでもう1年間勉強することにした。アーラウの学校はアインシュタインの肌にとても合っていた。教師たちは生徒たちに対し、創造的で、そして自由であることを求めたからだ。アインシュタインは勉強したいときに、自分の好きなやり方で、勉強することができたのだ。

　アーラウで、アインシュタインは散策を楽しみ、バイオリンを奏で、そして初めてのガールフレンドであるマリー・ヴィンテラーと一緒の時間を過ごした。

　1896年、アインシュタインは再びスイス連邦工科大学の入試を受けた。今度は合格だった。彼は物理と数学の教師になる勉強をし始めた。

　アインシュタインは教師の話を聞くのが好きではなかったので、よく授業をサボった。彼は悪い生徒ではなかったが、決して良い生徒でもなかった。

　友達のマルセル・グロスマン*がいなかったから、アインシュタインはまた退学しなければならなかったかもしれない。アインシュタインが図書館で研究している間、グロスマンが講義に出席し、素晴らしいノートを取る。アインシュタインはそれを借り、勉強をするのだ。

---

*マルセル・グロスマン（Marcel Grossmann）　ハンガリー出身の数学者。アインシュタインに、一般相対性理論の発展に対するリーマン幾何学の必要性を説いた。1878-1936

When Einstein was at the Polytechnic in Zurich, he was very popular with women. He often worked as a musician, and ladies' clubs sometimes invited him to play his violin at their parties.

Einstein had many chances to meet women at these parties. He was very good looking, and his violin playing was beautiful. At one of these parties, he met a woman named Mileva Maric.

Like Einstein, Mileva was a very special person. In those days, women almost never studied math and physics at a high level. She was one of the only women in the school.

Einstein fell in love with her. She was someone that he could talk about his ideas to, and she often checked the math in his papers!

■polytechnic 图 技術専門学校　■be popular with ～に人気がある　■be good looking 外見がいい　■in those days あのころは、当時は　■fall in love with 恋におちる　■paper 图 論文

チューリッヒの工科大学に在学している間、アインシュタインは女性から非常にもてた。彼はときどき音楽家になり、女の子たちの同好会のパーティーに呼ばれて、バイオリンの演奏をすることもあった。

　そうしたパーティーで、アインシュタインは大勢の女性たちと知り合う機会を得たのだ。彼はとてもハンサムだったし、奏でるバイオリンの音色は美しかった。そして、あるパーティーで、彼はミレーバ・マリッチという女性と出会った。
　アインシュタインと同じく、ミレーバも特別な人だった。当時は、高等数学や物理を勉強している女性はほとんどいなかった。彼女は、大学にいる数少ない女性のうちの1人だった。

　アインシュタインは彼女と恋に落ちた。アインシュタインは彼女に自分の考えを話すことができたし、彼女はしばしば彼の数学の論文をチェックしてくれた！

Difficult Times

After he finished his studies in 1901, Einstein found that he could not get a job anywhere. At one time, he even thought about giving up his dream of being a scientist. He almost took a job selling insurance!

Einstein felt that he could not do anything well. Things got so bad that he even wrote a letter to his family saying that it would have been better if he had never been born.

After finishing school, Einstein did many different jobs. He worked as a teacher and tutor, but he could not find a job as a scientist.

Einstein's father wanted to help him, and he wrote letters to some people that he knew. He asked one friend if he could use Einstein as a research assistant, but the friend said that he did not know of any jobs.

■get a job 職を得る　■at one time ある時には　■insurance 名 保険
■would have … if ~ もし~だったとしたら…しただろう　■tutor 名 家庭教師
■research assistant 研究助手　■know of ~について知っている

苦難の時期

　1901年に卒業したアインシュタインは、仕事先を見つけられずにいた。一度は、科学者になるという夢を諦めようかとさえ考えたこともあった。もう少しで保険販売員の仕事に就くところだった。

　アインシュタインは何もかもがうまく行かないと思った。あまりにもうまく行かないので、両親に宛てて、生まれてこなければよかったという手紙まで書いたほどだ。

　卒業後、彼はさまざまな職に就いた。教師もしたし、家庭教師もした。しかし科学者としての仕事はまったく見つけることができなかったのである。

　アインシュタインの父は、息子を助けてやりたいと思い、何人かの知人に手紙を出した。ある友人に、アインシュタインを研究助手として使ってくれないかと頼んだが、そのような職に心当たりはないという返事だった。

It is sad to say, but when Einstein's father died, he believed that his son would never be successful in life.

In 1902, Einstein moved to Bern, Switzerland. He could not get a job as a scientist, but his friend from school, Marcel Grossmann, helped him to find a job as a patent clerk. At this time, he also got married to Mileva.

Both Einstein's family and Mileva's told them that they should not get married, but they did not listen. They were in love, and they wanted to be together.

The Einsteins had their first child, Hans Albert, in 1904. Their second child, Eduard, was born in 1910. They did not have much money at all, and all of them had to live in just two rooms.

Einstein worked six days a week at his job. It was not an exciting job, but it was easy for him, and he had a lot of time to think. And what did he think about? The universe, of course.

■Bern 图 ベルン《スイス連邦の首都》 ■patent clerk 特許庁の審査官
■get married 結婚する ■be in love 恋愛中で ■universe 图 宇宙

残念ながら、アインシュタインの父は、自分の息子が生涯成功することはないだろうと思いながら、亡くなった。

　1902年になり、アインシュタインはスイスのベルンに引っ越した。彼は科学者の職を得ることはできなかったが、学友であるマルセル・グロスマンが助けてくれたおかげで、特許庁職員の就職口を見つけることができたのだ。この段階で、ミレーバとの結婚も果たした。

　2人の結婚にアインシュタインの家族も、ミレーバの家族も双方反対していたが、2人は聞かなかった。2人は愛し合っていたし、一緒にいたかったのだ。

　1904年、アイシュタイン夫妻は最初の子供、ハンス・アルベルトを授かった。2人目の子供エドゥアルドは1910年に誕生した。ところがお金があまりなかったため、一家4人はたった2部屋での暮らしを強いられた。

　アインシュタインは週に6日間働いた。胸躍るような仕事ではなかったが、彼にとっては簡単な仕事だったし、それに考え事をする時間はたっぷりあった。彼が何を考えていたのかというと、それはもちろん、宇宙についてだった。

Albert Einstein was a dreamer. He was not a scientist who worked in a lab doing experiments every day. He had no telescope or microscope. He was a man who liked to sit and think.

Einstein's great ideas did not just come from his intelligence or hard work. They came from his imagination and his creativity. In his free time, he thought about things like what it would be like to ride beside a beam of light.

Times were difficult, but soon Einstein was going to do some of his greatest work.

■dreamer 名 夢想家　■lab 略 研究所、実験室《laboratoryの略》　■experiment 名 実験、試み　■microscope 名 顕微鏡　■creativity 名 創造性、独創力　■beam of light 一条の光線

アルベルト・アインシュタインは、夢想家だった。彼は研究室で毎日実験をするような科学者ではなかった。望遠鏡も顕微鏡も使わず、ただ座って、考えるのが好きだったのだ。

　アインシュタインの偉大なアイデアの数々は、ただ彼の知性や大変な努力によって生み出されたというわけではない。それらは、彼の想像力や、創造性から生まれてきたものなのだ。彼は時間ができると、光に乗ったらどんなふうに見えるのだろうなどと想像したものだった。

　苦しい時期を過ごしていたが、まもなくアインシュタインは、偉大な仕事を成し遂げることになる。

TOEIC®/ビジネスで役立つ表現

TOEIC®・ビジネス英語の名トレーナー、ICCラーニングの鹿野先生が本文から厳選した重要語句や言い回しです。TOEIC®対策だけでなく、ビジネスシーンで使用度の高い例文を付けました。

☐ be good at 「〜が得意だ」

He was also very good at math when he was young. (p.16, 5行目)
彼は、若い頃は数学が得意でした。

e.g. She is very good at her job.
彼女は、仕事ができます。

You are good at negotiating.
あなたは、交渉が得意です。

☐ work on 「〜に取り組む」

He did not worry about how many times the houses fell down, and he worked on them for hours and hours. (p.18, 16行目)
彼は積んだカードが何度崩れても気にもせず、何時間でも取り組んでいました。

e.g. He will work on a new project.
彼は、新しいプロジェクトに取り組む予定です。

We should work on environmental issues.
我々は、環境問題に取り組むべきです。

1

☐ help someone do 「(人) が〜するの手伝う」

Music always helped him find the answer he was looking for.
(p.20, 6行目)
音楽はいつでも探し求める答えを見つけるのを手伝ってくれました。

e.g. Can you help me deal with it?
それの処理を手伝ってくれますか？

I can help you file the papers.
書類をファイルするのを手伝います。

☐ The truth is that 「本当のところ〜だ」

The truth is that Einstein was one of the best students in the school.
(p.22, 5行目)
本当のところ、アインシュタインは学校でも最も優秀な生徒のうちの一人でした。

e.g. The truth is that he is lazy.
本当のところ、彼はなまけものです。

The truth is that you are free to decide what to do.
本当のところ、何をするか、あなたが決めることが出来ます。

☐ used to do 「(よく) 〜したものだ」

He often used to throw things at the other children, and one time he threw a chair at his violin teacher! (p.24, 2行目)
彼は、よくほかの子たちに向かって物を投げつけ、一度などバイオリンの先生に椅子を投げたこともありました。

TOEIC®/ビジネスで役立つ表現

e.g. We used to make our products in Japan.
我々は、以前は日本で生産していました。

I used to live in Tokyo.
以前は、東京に住んでいました。

☐ the first time that 「～は初めてだ」

This was the first time that Einstein had the idea that there was more to the world than just the things you could see and touch. (p.26, 4行目)
アインシュタインが、目で見え、触れられる以上の物が世界にはあると気づいたのは初めてです。

e.g. It is the first time that the two companies worked together.
2社が協力するのは初めてです。

It is the first time that we import goods from Russia.
我々は、ロシアから商品を輸入するのは初めてです。

☐ What happens if ～？「～したらどうなる？」

What happens if you shoot a bullet through the window on one side and it goes out the window on the other side? (p.28, 8行目)
弾丸を一方の窓に打ち込み、それが反対側の窓から飛び出すと、どうなりますか？

e.g. What happens if it doesn't work out?
それがうまくいかないと、どうなりますか？

What happens if we get behind schedule?
我々のスケジュールが遅れると、どうなりますか？

1

☐ whether A or B 「Aであろうと、Bであろうと」

> Whether a star is close or far away, the angle is always the same.
> （p.30, 10行目）
> 星が近くにあろうと、遠くにあろうと、角度はいつも同じです。

e.g. Whether president or not, he will be criticized.
社長であろうとなかろうと、彼は非難されるでしょう。

I don't know whether it is true or not.
それが事実かどうかわかりません。

☐ go bankrupt 「倒産する」

> In 1894, when Einstein was 15, his father's company went bankrupt.
> （p.32, 1行目）
> 1894年、アインシュタインが15歳のとき、父親の会社が倒産しました。

e.g. The company went bankrupt during the recession.
その会社は、不況で倒産しました。

Many companies go bankrupt each year.
毎年、多くの会社が倒産します。

☐ spend hours doing 「何時間も〜して過ごす」

> Pavia was in the mountains, and during this time, Einstein also spent many happy hours walking in the mountains. （p.34, 14行目）
> パヴィアは山間の町で、この間アインシュタインは、何時間も楽しい時間を山歩きをして過ごしました。

TOEIC®/ビジネスで役立つ表現

> **e.g.** We spent hours experimenting.
> 我々は、実験に時間を費やしました。
>
> We've spent hours discussing it.
> 我々は、何時間もそれを議論しました。

☐ if not for 「〜がなかったら」

> If not for his friend Marcel Grossmann, Einstein might have had to leave this school too. (p.36, 16行目)
> 友達のマルセル・グロスマンがいなかったら、アインシュタインはまた退学しなければならなかったかもしれません。

> **e.g.** Nothing would be possible if not for your effort.
> あなたの努力がなかったら、何も出来なかったでしょう。
>
> If not for the project, what would have happened?
> そのプロジェクトがなかったら、どうなっていたでしょう？

☐ chance to do 「〜する機会」

> Einstein had many chances to meet women at these parties. (p.38, 5行目)
> アインシュタインは、こうしたパーティーでたくさんの女性と出会う機会を得ました。

> **e.g.** This is the chance to use your creativity.
> これは、あなたの創造力を発揮するチャンスです。
>
> Do we have a chance to win the competition?
> 我々に、競争に勝つチャンスがありますか？

1

☐ give up 「〜をあきらめる」

At one time, he even thought about giving up his dream of being a scientist. (p.40, 2行目)
一度は、彼は科学者になるという夢をあきらめようかと考えました。

e.g. Don't give up before you even begins.
始めてもいないうちからあきらめないでください。

We will never give up developing new products to meet market needs.
我々は、市場のニーズにあった新製品の開発を決してあきらめません。

☐ come from 「〜から来る」

Einstein's great ideas did not just come from his intelligence or hard work. (p.44, 5行目)
アインシュタインの偉大なアイデアは、彼の知性や大変な努力からだけではありません。

e.g. Where did that idea come from?
そのアイデアは、どこから来たのですか？

That idea came from my boss.
そのアイデアは、私の上司からです。

🍎 記憶に残るアインシュタインの言葉の数々 🍎

- プリンストンの町に住むある少女が、たびたび近所の老人から数学の問題を教えてもらっているのに気付いた母親は、それが高名な科学者アインシュタインであることを知り、慌ててお礼とお詫びに出かけた。恐縮する母親に対し、彼は「そんな必要はありませんよ、彼女に教えた以上のことを、彼女は私に教えてくれましたから」と答えたという。

- 服装に気を使ったらどうか？という人の助言に対し、アインシュタインは「肉を買ったときに包み紙のほうが立派だったら侘しくないですか」と答えたという。

- 相対性理論がどのようなものか、物理学の知識がまるでない一般の人に対し、アインシュタインはおおまかにこう説明した。「もし男の子が熱いストーブの上に一分間手を乗せていたら、一分がまるで一時間のように感じられるでしょうが、可愛い女の子の隣に座っているときは一時間が一分のように過ぎ去るでしょう、これが相対性です」

- 光速度の正確な数値を答えることができず、それを揶揄されると「本やノートに書いてあることをどうして憶えておかなければならないのかね？」と答えたという。

- 世界的科学者となり、突然人気者になったアインシュタインに、またもう一人の時の人であったチャップリンはこう言った。「私が人気者なのは誰でも私を理解できるからですが、ところがあなたが人気なのは、誰もがあなたを理解できないからです」

PART 2

Einstein's Miracle Year 54
アインシュタインの奇跡の年

Einstein and Planck 64
アインシュタインとプランク

General Relativity 70
一般相対性理論

Proving Einstein's Theory 84
アインシュタイン理論の証明

Einstein's Miracle Year

Einstein lived at a time when many great men were changing the way people thought. Pablo Picasso, James Joyce, Sigmund Freud, and many more were bringing strange new ideas to the world. But Einstein changed the world more than any of them.

1905 has been called Einstein's "miracle year." In his free time, he put out four important papers. In the first one, he answered the question "What is light?" It showed that light comes as a particle called a photon. Today, we use that idea in television and lasers, and it was the very beginning of quantum physics!

■miracle 形 奇跡的な ■put out 出版する、発行する ■particle 名 粒子 ■photon 名 光子、光量子 ■laser 名 レーザー ■quantum physics 量子物理学

アインシュタインの奇跡の年

　アインシュタインの生きた時代は、多くの偉大な男たちが、常識をくつがえした時代でもあった。パブロ・ピカソ*、ジェイムズ・ジョイス*、ジークムント・フロイト*、その他多くの偉人たちが、斬新で奇抜なアイデアを世界にもたらした。しかしその誰よりも世界を変えたのは、アインシュタインその人だった。

　1905年はアインシュタインにとって「奇跡の年」と呼ばれている。彼は時間を見つけて、4つの重要な論文を発表した。最初の論文では、「光とは何か？」という問いに答えを出した。光は、光子（フォトン）と呼ばれる粒子からなると考えた。この考え方は今では、テレビやレーザーに応用されているが、これがまさに量子物理学の幕開けとなったのだ。

＊パブロ・ピカソ（Pablo Picasso）　スペイン出身の美術家、キュビスムの創始者のひとり。1881–1973
＊ジェイムズ・ジョイス（James Joyce）　アイルランド出身の小説家、詩人、1882–1941
＊ジークムント・フロイト（Sigmund Freud）　オーストリアの精神分析学者、1856–1939

In his next paper, Einstein wrote about something that everyone understands today. He wrote about atoms. But at the time he wrote his paper, people did not believe in them. He proved that they can make small dust particles move in liquid. He was even able to calculate the size of atoms.

Those two papers would have been a great success for most scientists. But Einstein had just begun.

Einstein's third paper is the one he is best remembered for today. It was here that he told the world that $E=mc^2$.

$E=mc^2$ sounds very difficult, but it is actually easy to understand. It means that energy and matter are the same thing.

Because matter and energy are the same thing, energy can become matter and matter can become energy. Even a tiny piece of matter can have a very, very big amount of energy in it.

■atom 名 原子　■prove 動 証明する　■dust particle ちり粒子　■liquid 名 液体　■calculate 動 〜を計算する　■actually 副 実際は　■energy 名 エネルギー　■matter 名 物質　■tiny 形 とても小さい

次の論文でアインシュタインが発表したのは、今日では誰もが知っていることだ。原子についての発表だ。彼は、原子が液体の中で動くちり状の粒子を作ることを証明し、さらに原子の大きさを計算によって求めることさえできたのだが、彼がこの論文を書いた当時、人々がその内容を信じることはなかった。

　この２つの論文だけでも、普通の科学者にとっては大変な偉業となるに違いないが、しかしアインシュタインにとっては、これはまだ始まりに過ぎなかった。

　アインシュタインの名を世に知らしめたのが、３つ目の論文である。この時、世界は初めて、$E=mc^2$＊について知ったのだ。

　$E=mc^2$は難しそうに聞こえるが、実際のところはわかりやすい。この式は、エネルギーと物質は本質的に同じものである、ということを示している。

　エネルギーと物質は本質的に同じものなので、エネルギーは物質に変換できるし、また物質はエネルギーに変換することができるということなのだ。ということは、ごく小さな欠片ほどの物質にも、莫大な量のエネルギーが秘められていることになる。

＊$E=mc^2$　アルベルト・アインシュタインが特殊相対性理論の帰結として発表した有名な関係式。質量とエネルギーの等価性とも言われる

Einstein's third paper helped us to understand the stars in the sky. Before Einstein, no one knew where the light of the stars came from. He told us that energy (E) is the same as mass (M) times the speed of light (C) squared. He told us that even something as small as an atom can have a lot of energy in it. Thanks to Einstein, we now know that the light of the stars comes from the energy coming out of atoms in nuclear explosions.

Einstein's third paper and $E=mc^2$ is the most famous, but the next one was even more important. It was his special theory of relativity.

From the time he was 16, Einstein often enjoyed thinking about what it might be like to ride a beam of light. In those days, it was just a dream, but he returned to it, and it changed his life.

One day in the spring of 1905, Einstein was riding a bus, and he looked back at a big clock behind him. He imagined what would happen if his bus were going as fast as the speed of light.

■mass 名 質量　■squared 形 平方の　■thanks to 〜のおかげで　■come out of 〜から出てくる　■nuclear explosion 核爆発　■special theory of relativity 特殊相対性理論

アインシュタインのこの3番目の論文によって、空に輝く星のことがより明解になった。アインシュタインが現れるまで、星の光がどこから来ているのか誰にも分からなかった。彼が、エネルギー（E）は、質量（m）×光の速度（c）*の2乗だということを示したことで、原子のように小さな物質の中にも大きなエネルギーがあることが証明されたのだ。アインシュタインのおかげで、星の光は原子の核爆発が生むエネルギーによるものだということが分かったのだ。

　アインシュタインが3つ目の論文で発表した、$E=mc^2$は最も有名なものだが、次の論文はさらに重要なものだった。特殊相対性理論である。
　16歳の頃から、アインシュタインはしばしば、光に乗ったらどう見えるのか、と想像して楽しんでいた。当時それはただの空想に過ぎなかったが、彼はその空想を繰り返し、そしてやがてその空想は彼の人生を変えることになる。
　1905年のある春の日、アインシュタインは乗っているバスの中から、背後に遠ざかる大きな時計*を振り返って見ていた。彼は、もしバスが光と同じ速度で走ったら、何が起こるだろうかと想像した。

---

*光の速度（C）　光が伝播する速さ。真空中における光速の値は約30万キロメートル毎秒。ラテン語で速さを意味するceleritasの頭文字
*大きな時計　13世紀初めにベルンに建てられた時計塔のこと。かつて時計塔の近くに住んでいたアインシュタインは、よくバスで脇を通り過ぎていた

When Einstein began to move at the speed of light, the hands of the clock stopped moving! This was one of the most important moments of Einstein's life!

When Einstein looked back at the real clock, time was moving normally, but on the bus moving at the speed of light, time was not moving at all. Why? Because at the speed of light, he is moving so fast that the light from the clock cannot catch up to him. The faster something moves in space, the slower it moves in time.

This was the beginning of Einstein's special theory of relativity. It says that space and time are the same thing. You cannot have space without time, and you cannot have time without space. He called it "space-time."

No scientist has ever done anything like what Einstein did in that one year. He was very ambitious. Einstein once said, "I want to know God's thoughts..."

■hand 名 （時計の）針　■look back at ～を振り返って見る　■catch up to ～に追い付く　■ambitious 形 野心のある

光の速度で移動を始めることを想像してみると、時計の針は動きを止めた！　アインシュタインの人生の中で、最も重要な瞬間だった。

　アインシュタインが現実の時計を振り返ったとき、当然のことながら時間は通常通り動いていた。しかし光の速度で走るバスの中では、時間は完全に止まってしまう。なぜだろう。光の速度だと、彼は、時計からの光が彼に追いつくことができないほど速く移動しているからだ。空間で速く動けば動くほど、時間の流れは遅くなるわけだ。

　これがアイシュタインの特殊相対性理論の始まりだった。特殊相対性理論では、空間と時間は同じものであるという。時間なしに空間はありえず、空間なしに時間はありえない。彼はこれを「時空*」と呼んだ。
　アインシュタインがその年1年に成し遂げたことを、それまでどの科学者もできなかった。意欲満々のアインシュタインは、かつてこんなことを言った。「私は神様の意図を読みとろう……」

***時空**（space-time）　時間と空間を合わせて表現する物理学の用語、または、時間と空間を同列に扱う概念

Einstein wanted an equation that was very short, but which explained all of the laws of physics! He wanted to put the beauty and the power of the universe into just one equation that would explain everything. That was his big dream in life.

For Einstein, math was the language of nature. The really great thing that Einstein was able to do was to see math equations in nature and the world.

■equation 名 方程式

非常に簡潔に、しかも全ての物理法則を説明できる、そんな方程式をアインシュタインは求めていた。美しさと、宇宙の力の全てを持ち、それ一つでありとあらゆることの説明がつく、そんな方程式を作りたい。これが彼の人生の大きな夢だった。

　アインシュタインにとって、数学は自然を表すための言語だった。アインシュタインのすごさは、自然や世界を数学の方程式に当てはめることができたことである。

Einstein and Planck

Einstein sent his papers to some of the most famous science journals in Europe. But what would you do if you got a paper from Einstein? He was not a scientist and no one had heard of him before. Would you put the paper in your journal?

Even more important, his ideas sounded crazy. They went against everything that all of the scientists in the world believed in those days.

Everyone said no to Einstein at first. No one in the world of science was interested in what he was saying.

Einstein tried again and again to get his papers into journals, but he had no luck at all. As time went on, he began to worry that no one would ever believe him. He became very sad.

■science journal 科学誌　■go against 逆らう、従わない　■have no luck 運がない　■as time goes on 時が経つにつれて

アインシュタインとプランク

　アインシュタインは彼の論文をヨーロッパで有名な科学誌のいくつかに送った。しかし、アインシュタインの論文を受け取ったのがもしあなただったら、どうしただろうか。彼は科学者でもなかったし、その名前にも聞きおぼえがない。あなたは雑誌に彼の論文を載せただろうか？

　さらに重要なところは、彼の考えは正気の沙汰ではないように思えることだった。論文に書かれていたことは、当時の世界中の科学者たちが信じていたことと、まるで正反対だったのだ。

　はじめは誰もがアインシュタインを否定した。世界中の科学者で、彼の言うことに興味を持つものは一人もいなかった。

　アインシュタインは何度も何度も、論文を雑誌に載せてもらおうと試みたが、まるで運がなかった。時間が経つにつれ、この先、世界中の誰一人、自分を信じてくれる人はいないのではないかとアインシュタインは心配になり、そしてひどく落胆した。

After about five months with no luck, a man named Max Planck read Einstein's papers. He was the greatest physicist in Europe. He was one of just a few people who could understand what Einstein was saying.

When Planck read Einstein's papers, he knew that his ideas were important. In June 1905, Einstein's paper on relativity was published in the *Annalen Der Physik*. It was the most famous physics journal in Europe!

After reading Einstein's paper, Max Planck wanted to know more about him. At the time Einstein's paper went into the *Annalen Der Physik*, he was still trying to find a job as a scientist or teacher. Planck knew that Einstein was not famous, but he did not know that Einstein was just a patent clerk.

Later, when the two men met, Einstein said, "Within a few hours we were true friends, as though our dreams… were made for each other."

In 1907, Einstein was asked to write a new paper to explain special relativity. He went back to start thinking about relativity again. But he saw that there was a problem. His theory was too limited.

■with no luck 幸運に恵まれない ■physicist 图 物理学者 ■as though まるで〜であるかのように ■be made for each other 相性が最高に良い

そんな状態が5ヵ月ほど続いた。そこに、アインシュタインの論文を読んだというマックス・プランク*という1人の男が現れた。彼はヨーロッパ最高の物理学者で、アインシュタインの言っていることを理解することができた、ごくごく限られた人間の1人だったのだ。
　アインシュタインの論文を読んだプランクは、それが重要な考えであると確信した。1905年6月、アインシュタインの相対性についての論文はこうしてヨーロッパで一番名の通った物理学の雑誌『アナーレン・ディル・フィジーク*』に掲載されることになる。
　アインシュタインの論文を読んだマックス・プランクは、彼についてもっと知りたいと思った。『アナーレン・ディル・フィジーク』に論文が掲載されたときも、アインシュタインはまだ科学者や教師の職を探しているところだった。プランクはアインシュタインが有名ではないことは知っていたが、科学者でもなんでもなく、ただの特許庁の職員であることまでは知らなかった。
　後に2人が出会ったとき、アインシュタインはこう言った。「数時間のうちに、私たちは親友になりました。私たちの夢はまるで……互いのためにあるようでした」
　1907年、アインシュタインは、特殊相対性理論を説明する新しい論文を書くよう求められた。彼は再び相対性理論について最初から考えることにしたのだが、そこで彼はある問題に気がついた。彼の理論は非常に限定されていたのだ。

***マックス・プランク**（Max Planck）　ドイツの物理学者で量子論の創始者の一人、1858–1947
*『**物理学年報**』（Annalen Der Physik）　ドイツの学術誌、最も有名でかつ歴史ある物理ジャーナルとして知られる、1780–

Einstein's theory was called "special relativity." This is because it was only about things that always moved at the same speed. It could only be used in special situations. Special relativity was only for things that moved in one direction and whose speed never changed.

For Einstein, special relativity was not enough. He wanted to understand the real world. He wanted to know what things were like in the universe, in the sky, and in the stars that we see every night. When things accelerate, you cannot use the theory of special relativity. This is a big problem because in our universe, everything accelerates.

Einstein knew that he had to find a theory that was not just for "special" cases. He needed a "general theory of relativity." The most difficult part of making this general theory was to explain gravity.

Because of Newton, we know that everything in the universe is held together by gravity, but no one knew how gravity worked. Einstein now began to work on a new theory to explain both gravity and time.

■situation 名 状況 ■direction 名 方向 ■accelerate 動 加速する ■case 名 場合、状況 ■general theory of relativity 一般相対性理論 ■hold together まとまる

アイシュタインの理論は「特殊相対性理論」と呼ばれていた。それは、常に同じ速度で動く物体に限った理論なので、「特殊」相対性理論なのである。この理論は特別な状況下でしか用いることができない。特殊相対性理論とは、ある一方向に向かって、決して変わらない速度で進む物体に限った理論だった。

　アインシュタインにとって、特殊相対性理論は十分なものではなかった。彼は現実世界のもの、たとえば宇宙や空、毎晩夜空に見える星々、そういったものを理解したいと思った。物体の移動する速度が加速すると、特殊相対性理論は使えなくなる。これは非常に大きな問題だった。私たちの世界では、何もかもが加速するのだ。

　アインシュタインは「特殊」ではない場合の理論を見つけなければならないと思った。「一般相対性理論」が必要だった。この理論を作る上で立ちはだかる難問が、重力をどう説明するかということだった。

　ニュートンのおかげで、私たちは宇宙のあらゆるものが重力で引き合っていることを知ったが、重量がどう働いているかを解明した人は誰もいなかった。そこでアインシュタインは、重力と時間の両方を説明する理論に取り組み始めた。

General Relativity

His papers were now famous, but at the age of 29, Einstein was still working at his old job. It was two years since he put out his paper on special relativity. Einstein knew that it was now time to work on a paper with a general theory of relativity.

Isaac Newton was the most important man in the history of science before Einstein. Almost everything that people believed about physics came from Newton's theories. Now, almost 250 years after Newton sat under his apple tree and saw the apple fall, Einstein was going to change the way that everyone thought about gravity.

一般相対性理論

　論文は有名になったが、29歳のアインシュタインはまだ以前と同じ職場で働いていた。彼が特殊相対性理論を発表してから2年が経っていた。アインシュタインは、今こそ一般相対性理論の論文に取り組むときだと思った。

　アインシュタイン以前、科学史において最も重要な人物は、アイザック・ニュートン*だった。人々が信じていた物理学のほとんど全ては、ニュートンの理論によるものだった。ニュートンがリンゴの木の下に座り、落下するリンゴを見たときからおよそ250年のときを経て、アインシュタインは重力に対する人々の見解を、まるで別のものに変えようとしていた。

＊**アイザック・ニュートン**（Isaac Newton）　イングランドの自然哲学者、数学者、1642-1727

When Newton saw the apple fall, he thought that it was because the earth was pulling it down. The problem with that idea is that in physics, things are never 'pulled.' They are always 'pushed.'

Newton knew that there was some problem with his theory, but in those days, it was not possible to answer the question. He had to stop working on it because he could not find the answer.

In his new theory, Einstein was trying to answer the question that Newton could not: What was making the apple fall to the earth? What was 'pushing' it?

Everyone told Einstein that the question was too difficult. Even Max Planck, the man who had read Einstein's papers and believed in him, told him that he should try to answer some other question.

Planck said to Einstein, "Even if you find the answer, no one will believe you!"

Einstein had no idea where to begin. No one else in the world was trying to answer this question.

■pull ~ down を下ろす ■even if たとえ～でも ■have no idea 全く分からない
■no one else 他の誰一人として～しない

落下するリンゴを見たニュートンは、それを地球が下へ引っ張っているせいだと考えた。しかしその考え方には問題があった。物理学において、物体が「引っ張られる」ことは決してなく、それは常に「押される」ものなのだ。
　ニュートンは自分の理論になにか問題があることに気付いていた。しかし当時、その疑問を解明することはできなかった。答えを見つけることができず、彼は研究を中断せざるを得なかったのだ。

　アインシュタインは新しい理論の中で、ニュートンが解明できなかったその問題に挑戦した。何がリンゴを大地に落とすのか？ 何がリンゴを「押して」いるのか？
　誰もがそれは解けない難問だとアインシュタインに言った。アインシュタインの論文を読み、彼を信じたマックス・プランクさえ、もっと別の問題の解明に取り組むべきだと言った。

　プランクはアインシュタインにこう言った。「もし答えが分かったとしても、誰がそれを信じるものか！」
　アインシュタインは、どこから手をつけるべきか分からなかった。世界中のどこにも、この問題解明に取り組んでいる人はいなかったのだから。

Einstein had no one to help him, and there were no books that he could look for ideas in. But Einstein knew a way to answer the question.

Einstein went back to his favorite technique, the thought experiment. One day while he was at work, he looked out the window. He saw a man across the street working on a roof.

Einstein asked himself, "What will happen if the man falls off the roof?" When most of us think about this question, we only think about the very end when the man hits the ground. But Einstein thought about what happened before that. He thought about the man as he was falling.

Einstein had the idea that while the man was falling, he would not feel his own weight. He would be weightless.

Here is an easy way to understand it. If a man is in a very, very, very tall elevator and the elevator falls, what will happen?

■technique 名 技術、方法　■thought experiment 思考実験　■look out （中から）外を見る　■roof 名 屋根　■fall off 離れ落ちる　■the very end 最後の最後　■weight 重さ、体重　■weightless 重量［重さ・重力］のない

アインシュタインには助けてくれる人もいなかったし、ヒントが見つかりそうな本もなかったが、答えを導き出す方法は知っていた。

　アインシュタインはお気に入りのやり方に立ち戻った。思考実験である。ある日、彼は仕事中にふと窓の外を見た。通りの向こうに、屋根の上で作業している男が見えた。

　アインシュタインは自分自身に問いかけた。「もしあの男が屋根から落ちたら、何が起こる？」こんな質問をされたら、私たちならたいてい、男性が地面に叩きつけられる最後の場面を想像するだけだろう。しかしアインシュタインは、その前に何が起こるのかを考えた。落ちていく間の男性のことを想像したのだ。

　アインシュタインはこう思いついた。男性は落ちていく間、自分の体重を感じないのではないか。彼は無重量の状態になるはずだ。
　これを分かりやすく説明しよう。もしある人がものすごく高い位置にあるエレベーターに乗っていて、エレベーターが落下したら、どうなるだろうか？

The man can float around in the elevator, and he will not feel that anything is strange. People outside can see that he is falling, but he does not know it. If he looks out, it might look as if people around him are going up!

The falling man has no weight, but what does that mean? Think about it. It means that when the man is falling because of gravity, it is the same as if he is just floating in space where there is no gravity.

If you can say that the man is moving toward the earth, you can also say that the earth is moving toward him!

Another way to think of it is like a train. Imagine you are on a train and it stops at a station. If another train starts to move while yours is stopped, it can look as if your train is moving when it is not.

Einstein used equations to show that gravity was caused by the mixing of matter, motion, and energy. Einstein knew from special relativity that acceleration can change the way time is measured, and he knew that gravity is the same as acceleration. That means that gravity could also affect the measurements of time and space!

■float around 浮かんで漂う ■outside 副 外部に ■go up 上がる ■move toward 〜に近づく ■another way to think of it それを考える他の方法 ■be caused by 〜に起因する ■measure 動 測定する ■affect 動 〜に影響を及ぼす

その人はエレベーターの中で浮き上がることができるが、何もおかしいとは感じないだろう。外にいる人からは彼が落下していることが見て分かる。しかし彼にはそれが感じられない。もし彼が外を見たら、エレベーターの外にいる人が上昇していくように見えるかもしれない。

　落下する人が無重量だということは、何を意味するのだろう？　こういうふうに考えてみてほしい。つまり重力によって落下している人は、重力のない宇宙空間で浮いているのと同じ状態だということだ。

　男性が地面に向けて動いているというなら、地面のほうが男性に向かって動いているとも言えるのではないか！

　電車に置き換えて考えてみよう。電車に乗っていて、駅で止まっているところを想像してほしい。あなたの乗った電車が止まっているときに、別の電車が動き始めたら、まるで自分の乗っている電車の方が動き出したように感じられるだろう。実際には止まっているのに。

　アインシュタインは方程式を用いて、重力とは物質、運動、そしてエネルギーの統合によって生じることを表した。アインシュタインは特殊相対性理論から、加速によって時間の規則性が変わることを知っていた。そして重力もまた加速と同じであることを知った。つまり、重力も時間と空間に影響を与え、その規則性を変えるだろうということだ！

Gravity can make time move more slowly and it can warp space. It sounds strange, but it is true. If there is an object in space, its mass warps the space and time around it.

Here is a very easy way to understand it. Imagine there is a piece of cloth that is stretched out, and you put a heavy ball on it. The ball will warp the cloth, and if you put another smaller ball on the cloth, it will move closer to the big ball. This is because the fabric is stretched, not because the big ball is pulling the small ball.

We can use this idea to understand gravity and why the earth goes around the sun. The mass of the sun warps the space around it. Because of this, space behind the earth pushes the earth toward the sun.

Another interesting idea is that a clock moves more slowly when it comes close to the sun. This is because mass can affect time the same way it affects space.

■warp 動 ゆがませる、曲げる ■object 名 物、物体 ■stretch out 広がる ■move close to より近づく ■fabric 名 布（地）■go around 〜を周回する ■come close to 〜に接近する

重力は時間の流れを遅くすることができるし、空間を歪めることができる。おかしなことを言っているように思えるかもしれないが、事実なのだ。宇宙空間にある物体があったとする。その物体の質量は、周囲の空間と時間を歪めるのだ。

　非常に分かりやすく説明しよう。一枚の布が張られているところを想像してほしい。その上に1つ、重いボールを乗せる。ボールは布をゆがませるだろう。布の上にもう1つ、小さいボールを乗せると、そのボールは大きなボールの方へ転がっていくだろう。これは布が引っ張られているから起こるのであって、大きなボールが小さなボールを引っ張っているわけではない。

　これと同じ考え方を、重力や、なぜ地球が太陽の周りを回るのかということを理解する際にも用いることができる。太陽の質量は、周りの空間を歪ませている。そのせいで、地球の後ろの空間が、地球を太陽の方へ押しているのだ。

　もうひとつ興味深いのは、太陽に近づくと、時の進み方はゆっくりになるということだ。質量が空間に影響するのと同じく、時にも影響するからである。

One of the strangest ideas that comes from his theory is the black hole. If a big thing like a star becomes very, very small when it has no more fuel, its gravity might get so strong that it takes in all the light and matter that comes close to it. Time becomes so slow that it almost stops, and no light can leave it. At the time, Einstein did not think that black holes were real, but scientists have shown that he was right!

While he was working on his new theory of general relativity, Einstein was finally able to quit his old job. He was able to get a teaching job at the University of Zurich. Now he could work on science full time.

It was a little late because he was 32 years old, but Einstein was finally able to leave Bern and do what he always wanted to.

It was also in 1911 that Einstein answered one of the oldest and most famous questions of all time: Why is the sky blue? Every young boy and girl in the world wants to know the answer. Thanks to Einstein, we can tell them.

■black hole ブラックホール　■fuel 图 燃料　■take in 取り込む　■full time 常勤、フルタイムで　■of all time 史上〜の

彼の理論の中でもっとも奇抜な発想が、ブラックホールだ。もしも恒星のような大きな物体が、燃料切れによる収縮で非常に小さくなったとき、その重力は相当強くなり、近くにある光や質量を全て飲み込んでしまうだろう。時間はほとんど止まったように遅くなり、光はそこから出てくることができない。当時、アインシュタインはブラックホールが実在するとは考えていなかった。しかし科学者たちは彼が正しかったことを明らかにしたのだ！

　アインシュタインはこの新しい一般相対性理論に取り組んでいる間に、ついに転職をすることができた。チューリッヒ大学での教師の職を得たのだ。これで彼はフルタイムで科学に取り組めるようになったのだ。
　アインシュタインは32歳になっており、少し遅い出だしではあったが、ついにベルンを離れ、ずっとやりたかったことができるようになったのだ。
　1911年、アインシュタインは遠い昔から問われ続けてきた疑問に答えを出した。「どうして空は青いのか？」世界中全ての少年少女たちが答えを知りたがった問題だ。アインシュタインのおかげで、我々は、子どもたちに答えてあげることができる。

The reason is that light from the sun hits molecules in the sky. As you know, red, blue, green, yellow, and all the other colors are in light. But blue is scattered the most when it hits a molecule. Before Einstein, no one knew if the scattering was because of dust or molecules. Einstein's calculations showed that it was from molecules. Now we know we can answer our children's question.

This was also the year that more and more people started reading the four papers that Einstein wrote in 1905. He began to have chances to meet with some of the greatest scientists in Europe. Einstein was asked to speak all over Europe, and soon everyone became very excited about his ideas. Some people believed him, and some people did not. Relativity was just a theory, and if it could not be tested, there was no way to make everyone believe that he was right.

■molecule 名 分子、微粒子　■as you know ご存じの通り　■scatter 動 散乱する ■dust 名 ちり　■there is no way ~する可能性はない

その答えとは、太陽からの光が、大気中の分子にぶつかるからである。ご存知のように、赤、青、緑、黄色、その他全ての色が光の中にはある。その中でも青は、分子にぶつかったとき、最も散らばる色なのだ。アインシュタイン以前は、その散乱*が、塵によるものか、それとも分子によるもの解明されていなかった。アインシュタインは、それが分子によるものであることを自らの計算で明らかにした。それにより、子供たちの質問に答えてやることができるようになったのだ。

　この年には、さらに多くの人々が、アインシュタインが1905年に書いた4つの論文を読むようになっていた。彼はヨーロッパの著名な科学者たちに会う機会も得るようになった。アインシュタインはヨーロッパ各地で講演をするようになり、やがてすぐに、誰もが彼のアイデアに熱狂するようになった。彼の言うことを信じた人もいたし、信じない人もいた。相対性理論はあくまで理論であり、もし、これを検証することができなければ、すべての人に彼が正しいと信じさせることはできないのだった。

---

*散乱（scattering）　波動または粒子線が小物体・分子・原子などにあたって方向を変える事

Proving Einstein's Theory

Einstein needed to think of an experiment to show his theory was right. This time, it had to be a real one, not a thought experiment.

One day in 1911, he had an idea. His idea was to shine a beam of light through an area where space was curved. Einstein said that light always moves straight, but space is curved. If it looked like the light was not straight, that would show that it was space that was curved.

Where could Einstein find something that was so big it could curve light? There was nothing on Earth that could do it. His idea was to use the sun. Einstein knew that if light that came from a far away star came close to the sun, the light should look like it was curving.

■curved 形 湾曲した、曲がった　■it is ～ that （that以下）なのは～である

アインシュタイン理論の証明

　アインシュタインには、彼の理論が正しいことを証明するための実験方法を考え出すことが必要だった。今度は、思考実験ではなく、実際の実験でなくてはならない。

　1911年のある日、彼はあることをひらめいた。彼のアイデアとは、空間が湾曲している場所に光線を通す、ということだ。アインシュタインは、光は常にまっすぐ進むが、しかし空間は曲がっているのだと言った。もし光がまっすぐに見えなければ、それは空間が曲がっているということを意味している。

　光を曲げるほどの極大の物体を、アインシュタインはどこで見つけることができるのだろうか。地球上にはありそうもない。そこで彼は太陽を使うことを思いついた。もし遠くの星から来た光が太陽のそばを通ったら、その光は曲がって見えるはずだとアインシュタインは思ったのだ。

Einstein's next problem was that the sun was too bright. How can you see light beside something like the sun? Then Einstein remembered the eclipse. Einstein's idea was that when there was an eclipse, he could see the light from the stars behind the sun curving.

In 1912, Einstein was ready to try his great experiment. He wrote a new paper and asked astronomers to try his experiment for him.

Einstein was very excited, and he waited for someone to do the experiment. But no one tried it.

Einstein wrote to famous astronomers and asked them to help him, but no one did. Many of the astronomers were too busy to do his experiment, and some did not believe him. He had to wait.

Finally, a man at the Berlin Observatory named Erwin Finlay-Freundlich said that he wanted to help Einstein.

■bright 形 光っている、まぶしい　■beside 前 〜の傍らに　■eclipse 名 日食　■be ready to 〜する用意 [心構え] がある　■astronomer 名 天文学者

しかし問題は太陽が明るすぎることだった。太陽のような明るい物体の側を通る光を、一体どうやったら見ることができるか。アインシュタインは日食を思い出した。日食の間なら、太陽の後方にある星からの光が曲がっているのが見えるだろうと考えた。

　1912年、アインシュタインは彼の偉大なる実験に取り掛かる準備を完了した。彼は新しく論文を書き、天文学者たちに実験をしてくれないかと頼んだ。

　アインシュタインは非常に興奮し、誰かが実験してくれるのを待った。しかし、誰も試みたものはいなかった。

　アインシュタインは有名な天文学者たちに手紙を書き、助力を求めた。しかし手を貸したものはいなかった。多くの天文学者たちは彼の実験に付きあう時間がなく、また彼の説を信じない学者もいた。彼は待つしかなかった。

　ついに、1人の男がアインシュタインに協力したいと申し出た。ベルリン天文台*のエルヴィン・フィンレイ＝フロイントリッヒ*であった。

---

*ベルリン天文台（Berlin Observatory）　ベルリン郊外に建てられたが、1913にポツダムに移設。1700–
*エルヴィン・フィンレイ＝フロイントリッヒ（Erwin Finlay-Freundlich）　ドイツ人天文学者。アインシュタインの一般相対性理論を検証するために、1914年、8月21日の日食を観測するために遠征隊を率いてクリミア半島に向かった。1885–1964

Freundlich was a young man. He was not even 30 years old, and he wanted to be a part of something big and important. He was about to get married, and Einstein asked him to come to Zurich for his honeymoon. Freundlich's new wife was probably not too happy, but he came to see Einstein.

When Freundlich and his wife got off the train, Einstein was waiting for them. He took them to where he was giving a big speech. In the middle of the speech, Einstein suddenly pointed to Freundlich. He said that Freundlich was going to help him prove his theory of general relativity.

After the speech, Einstein and Freundlich talked more about general relativity and their great experiment. It was probably not too much fun for Freundlich's new wife, but it was a great moment for science!

Einstein and Freundlich knew that the next eclipse was going to be in the Crimea in Russia on August 21, 1914.

■be about to まさに〜しようとしている　■honeymoon 图 新婚旅行　■probably 副 恐らく　■get off （バスや電車）から降りる　■in the middle of 〜の途中で　■point to 〜を指さす

まだ30歳にもならない若いフロイントリッヒは、何か大きくて重要なことに関わりたかったのだ。フロイントリッヒはちょうど結婚するところだったので、アインシュタインは新婚旅行にどうかと彼をチューリッヒへ招待した。フロイントリッヒの新妻は、おそらくそんなに喜ばなかっただろうが、ともかく彼はアインシュタインに会いにやってきた。

　フロイントリッヒと彼の妻が列車から降りると、アインシュタインが待ち受けていた。彼は2人を、自分の講演会の会場へ連れて行った。講演の半ばで、アインシュタインは突然フロイントリッヒを指し、彼が一般相対性理論の証明に力を貸してくれることになっていると言明した。

　講演のあと、アインシュタインとフロイントリッヒは一般相対性理論や自分らの偉大な実験について語り合った。これもおそらくフロイントリッヒの新妻には面白くなかっただろう。しかし科学史においては重要な瞬間だった！

　アインシュタインとフロイントリッヒは、1914年8月21日、ロシアのクリミアで次の日食が観測できることを知っていた。

Freundlich told his boss that he wanted to help Einstein, but Freundlich's boss became very angry. He thought that Freundlich was crazy to be working with Einstein. He told Freundlich not to do it.

Freundlich wrote to an American astronomer named William Wallace Campbell to ask him to come to take photos of the eclipse.

Campbell said that he would come to Russia to help Einstein and Freundlich. It was a very exciting moment for the three men. If their experiment was successful, it would prove that Einstein's theory was right and change physics forever.

フロイントリッヒは上司に、アインシュタインを手伝いたいと伝えた。しかし上司はカンカンに怒った。アインシュタインと研究をするなど、馬鹿げていると思っていたのだ。上司はフロイントリッヒに、ダメだと言った。

　そこでフロイントリッヒはアメリカ人の天文学者、ウィリアム・ウォレス・キャンベル*に手紙を書き、日食の写真を撮ってきてほしいと頼んだ。

　キャンベルはアインシュタインとフロイントリッヒのためにロシア行きを約束した。3人の男たちにとって非常に胸躍る瞬間だった。もし実験が成功すれば、アインシュタインの理論は証明され、物理学が永遠に変わるのだ。

---

*ウィリアム・ウォレス・キャンベル（William Wallace Campbell）　アメリカ合衆国の天文学者。
　1862-1938

TOEIC®/ビジネスで役立つ表現

TOEIC®・ビジネス英語の名トレーナー、ICCラーニングの鹿野先生が本文から厳選した重要語句や言い回しです。TOEIC®対策だけでなく、ビジネスシーンで使用度の高い例文を付けました。

☐ at a time when 「〜という時に」

Einstein lived at a time when many great men were changing the way people thought. (p.54, 1行目)
アインシュタインは、多くの偉大な人たちが人々の考え方を変えた時代に生きていました。

e.g. at a time when globalization is progressing
グローバル化が進む中で

at a time when Japanese economy is in trouble
日本経済が大変な時期に

☐ It means that 「〜ということを意味する」

It means that energy and matter are the same thing. (p.56, 12行目)
エネルギーと物質が同じものであるということを意味しています。

e.g. It means that the customer is always right.
それは、お客様はいつも正しいということです。

It means that research is vital.
それは、研究がきわめて重要ということです。

2

☐ thanks to 「〜のおかげで」

Thanks to Einstein, we now know that the light of the stars comes from the energy coming out of atoms in nuclear explosions. (p.58, 6行目)
アインシュタインのおかげで、星の光は原子の核爆発が生むエネルギーによるものだと、今ではわかっています。

e.g. Our company's sales grew 20% thanks to the campaign.
キャンペーンの効果で、我が社の売上げは20％増加しました。

Thanks to hard work from the staff, we finished by the deadline.
スタッフの努力のおかげで、我々は期日までに完了しました。

☐ catch up to 「〜に追いつく」

Because at the speed of light, he is moving so fast that the light from the clock cannot catch up to him. (p.60, 6行目)
光速ぐらい速く彼が動けば、時計からの光は彼に追いつくことができません。

e.g. We have to catch up to our rival.
我々は、ライバルに追いつかなければなりません。

It took us 3 years to catch up to the trend.
我々は、最先端に追いつくのに3年かかりました。

☐ big dream 「大きな夢」

That was his big dream in life. (p.62, 4行目)
これが彼の人生における大きな夢でした。

TOEIC®/ビジネスで役立つ表現

> **e.g.** Having a big dream is better than having no dreams.
> 大きな夢を持つことは、夢を持たないより良いことです。
>
> Everyone on this team wants to achieve a big dream.
> このチームの誰もが、大きな夢を実現したいのです。

☐ go against「〜に反対する」

> They went against everything that all of the scientists in the world believed in those days. (p.64, 6行目)
> それらは、当時の世界中の科学者が信じていたすべてのことと対立していました。

> **e.g.** He often goes against his boss.
> 彼は、よく上司に逆らいます。
>
> We can't go against the law.
> 我々は、違法なことはできません。

☐ limited「限られた」

> His theory was too limited. (p.66, 21行目)
> 彼の理論は非常に限られていました。

> **e.g.** My understanding of Chinese is too limited.
> 私の中国語の理解は、非常に限られています。
>
> There are a limited number of choices.
> 選択肢が限られています。

2

☐ **this is because**「これは、～だからだ」

> This is because it was only about things that always moved at the same speed. (p.68, 1行目)
> これは、いつでも同じ速度で動く物にのみ適用できるからです。

e.g. I think this is because our customer service is excellent.
これは、我々の顧客サービスが優れているからだと思います。

Of course this is because we did our best.
もちろん、これは我々が最善を尽くした結果です。

☐ **It is ~ years since**「…してから、～年になる」

> It was two years since he put out his paper on special relativity. (p.70, 2行目)
> 特殊相対性理論を発表してから、2年になります。

e.g. It is 7 years since I started working for this factory.
私がこの工場で働き始めて7年になります。

It is 3 years since he came to Japan.
彼が日本に来て3年になります。

☐ **have no idea**「全くわからない」

> Einstein had no idea where to begin. (p.72, 18行目)
> アインシュタインはどこから始めたらよいのか全くわかりませんでした。

e.g. He has no idea how things really are.
彼は、現状が全くわかっていません。

TOEIC®/ビジネスで役立つ表現

I have no idea what to say.
何と言っていいのか全くわかりません。

☐ no one 「誰も〜ない」

Einstein had no one to help him, and there were no books that he could look for ideas in. (p74, 1行目)
アインシュタインには誰も助けてくれる人もいなかったし、アイデアを見つけられそうな本もありませんでした。

e.g. No one can stop the change.
誰も変化を止められません。

No one does something for nothing.
誰もただでは動きません。

☐ caused by 「〜に起因する」

Einstein used equations to show that gravity was caused by the mixing of matter, motion, and energy. (p.76, 15行目)
アインシュタインは方程式を用いて、重力とは物質、運動、そしてエネルギーの統合によって生じることを表しました。

e.g. The downtime is caused by a mechanical problem.
機器の停止は、機械的な問題に起因します。

There was a delay caused by bad weather.
悪天候による遅延がありました。

2

☐ not because 「〜だからではなく」

This is because the fabric is stretched, not because the big ball is pulling the small ball. (p.78, 9行目)
それは、大きなボールが小さいボールを引っ張っているからではなく、布が引っ張られているからです。

e.g. It's not because he lacks ability.
それは、彼が能力不足だからではありません。

It's not because they are better.
それは、彼らが優れているからではありません。

☐ of all time 「史上〜の」

It was also in 1911 that Einstein answered one of the oldest and most famous questions of all time: Why is the sky blue? (p.80, 16行目)
アインシュタインは1911年、史上最も古く、そして有名な疑問——なぜ空は青いのか?——に答えを出しました。

e.g. It resulted in the largest corporate merger of all time.
それは、史上最大の企業合併となりました。

You are my hero of all time!
あなたは、私にとってこれまでで最高の英雄です!

☐ as you know 「ご存知の通り」

As you know, red, blue, green, yellow, and all the other colors are in light. (p.82, 2行目)
ご存知の通り、赤、青、緑、黄、およびすべての色が、光の中には含まれています。

TOEIC®/ビジネスで役立つ表現

e.g. We missed the quota, as you know.
ご存知の通り、我々はノルマを達成できませんでした。

As you know, We have a branch office in Hong Kong.
ご存知の通り、我々は香港に支店があります。

☐ come close to 「〜に近づく」

Einstein knew that if light that came from a far away star came close to the sun, the light should look like it was curving. (p.84, 11行目)
もし遠くの星からきた光が太陽に近づいたら、その光は曲がって見えるにちがいないとアインシュタインは思いました。

e.g. We have come close to solving the problem.
我々は、問題の解決に近づいています。

Our production will come close to doubling.
我々の生産量は、2倍に近づくでしょう。

☐ finally 「ついに」

Finally, a man at the Berlin Observatory named Erwin Finlay-Freundlich said that he wanted to help Einstein. (p.86, 15行目)
ついに、ベルリン天文台のエルヴィン・フィンレイ・フロイントリッヒという人が、アインシュタインを手伝いたいと言いました。

e.g. It's nice to finally meet you.
ようやくお会いできて光栄です。

Finally she agreed to help us.
結局、彼女が協力してくれることになりました。

2

☐ a part of 「〜の一部」

> He was not even 30 years old, and he wanted to be a part of something big and important. (p.88, 1行目)
> まだ30歳にもならない彼は、何か大きくて重要なことに関わりたかったのです。

e.g. I want to be a part of this project.
このプロジェクトに参加したいです。

I don't want to be a part of this.
この件には、かかわりたくありません。

☐ work with 「〜と協力する」

> He thought that Freundlich was crazy to be working with Einstein. (p.90, 2行目)
> 彼は、アインシュタインと働くなんて、フロイントリッヒは狂っていると思いました。

e.g. We have worked with other manufacturers.
我々は、他のメーカーと協力してきました。

We are working with partners around the world.
我々は、世界中のパートナーと協力しています。

記憶に残るアインシュタインの言葉の数々

私は先のことなど考えません。
すぐに来てしまうのですから

何かを学ぶのに、自分で
体験する以上の方法はない

賞賛による脱落から逃れる方法はただひとつ、仕事を続けること。人は立ち止まって賞賛に耳を傾けがちであるが、唯一なすべきは、賞賛から目をそらし、仕事を続ける。それ以外にはない

結果というものにたどり着けるのは、
偏執狂だけである

常識とは、18歳までに集めてきた
偏見のコレクションのことです

人は、海のようなものである。あるときは穏やかで友好的。あるときはしけて、悪意に満ちる。ここで知っておかなければならないのは、人間もほとんどが水で構成されているということです

生き方には二通りしかありません。
奇跡はどこにもないという生き方と、
すべてが奇跡だという生き方です

教養とは学校で学んだことを
すべて忘れた後に残るものです

人間として真の偉大さにいたる道はひとつしかない。
何度もひどい目にあうという試練の道だ

PART 3

To Berlin *102*
ベルリンへ

World War I *110*
第一次世界大戦

Einstein and Eddington *122*
アインシュタインとエディントン

To Berlin

While Einstein was waiting for the great experiment, Max Planck asked him if he would like to come to Berlin.

Planck wanted to bring Einstein to Berlin because he had become so famous. The Kaiser had asked Planck to find the best scientists in Germany, and Einstein was one of the first people that Planck thought of. If he could bring Einstein to Berlin, people would say that the city was the center of science in Europe.

On July 11, 1913, Planck and another famous German scientist named Walter Nernst came to Zurich to see Einstein. They came to talk to Einstein face to face and ask him to come back to Germany with them.

■ask someone if 〜かどうかを (人) に尋ねる ■kaiser 名 《敬称としての》皇帝、カイザー、カイゼル ■face to face 面と向かって

ベルリンへ

　アインシュタインがこの偉大な実験を待ちわびている間に、マックス・プランクは彼にベルリンに来ないかと誘った。

　プランクはアインシュタインがあまりにも有名になったので、ベルリンに来てほしいと思っていた。ドイツ皇帝からドイツ最高峰の科学者を探すように求められていたプランクが最初に思い浮かべたのが、アインシュタインだった。もしアインシュタインを連れて来ることができれば、ベルリンはヨーロッパにおける科学の中心都市と目されるかもしれない。

　1913年7月11日、プランクとドイツの高名な科学者であるヴァルター・ネルンスト*が、アインシュタインに会うためチューリッヒにやって来た。彼らはアインシュタインに直接会って、ドイツに一緒に戻るように頼んだのだ。

***ヴァルター・ネルンスト**（Walter Nernst）　ドイツの科学者、物理学者。1864–1941

Planck and Nernst told Einstein that this was a great chance for him. He had a chance to be a professor and a member of the famous Prussian Academy. He did not have to teach, and he could have as much help as he needed in his research.

Einstein felt very good. He remembered the long years when he dreamed of becoming a professor and working at a famous university. But Einstein did not say yes immediately.

Einstein told Planck that he had to think about it. Einstein told him that he was going to take a walk for a few hours. He promised to come to meet them at the station before they left.

Einstein said that he was going to get some flowers on his walk. He said, "If the flowers are red, I am coming to Germany and if the flowers are white, I will not."

Some people say that Einstein did this because he remembered all the times he had been rejected in the past. Einstein wanted to be wanted.

■professor 名 教授 ■dream of 〜を夢見る ■immediately 副 即座に ■take a walk 散歩する ■reject 動 拒絶する ■in the past これまで (に)

プランクとネルンストは、これはアインシュタインにとって大きなチャンスだと言った。教授の地位と、有名なプロイセン・アカデミー*の会員資格が目の前にあるのだ。彼は教鞭を取る必要はなく、しかも研究に必要な協力を充分に得ることができる。

　アインシュタインは素晴らしいと思った。教授になり、有名な大学で働くという彼の長年の夢を思い出していた。しかしアインシュタインは即座に受けるとは言わなかった。

　アインシュタインはプランクに、少し考えさせてほしいと告げた。アインシュタインは何時間か散歩をすると言い、彼らが帰る前に駅で会おうと約束した。

　アインシュタインは散歩中に花を摘んでくると言った。「もしその花が赤かったら、ドイツに行くつもりだということで、白なら行かないということです」
　アインシュタインがこんなことをしたのは、拒絶されてきた今までのことを思い出していたからだという人もいる。アインシュタインは、必要とされる存在になりたかった。

---

*プロイセン科学アカデミー（Prussian Academy）　ベルリンで1700年に設立

Einstein took a long walk. He had lived in Zurich for many years, and he loved the city. His wife wanted to stay in Zurich too. But working in Berlin was a dream come true.

Planck and Nernst waited for Einstein at the station. They were very nervous. Would he come to Germany with them? Then they saw Einstein. He had some red flowers in his hand. He said, "Gentlemen, I will go to Germany. I'm going to become one of you."

Einstein went to Germany in April, 1914. It was time to start his new job at the Kaiser Wilhelm Institute. The scientists there were some of the best in Europe.

Einstein's research was going very well, but his family life was not. Mileva did not like Berlin, and they began to fight.

Einstein liked being with a cousin of his named Elsa, and he often talked about how much he liked her. At these times, Mileva got very angry, and the two would have big fights.

■a dream come true 夢［願い］がかなう　■nervous 形 緊張する、ハラハラする　■institute 名 機関、学会　■cousin 名 いとこ　■at these times そうした時に

アインシュタインは長い散歩をした。彼は長年チューリッヒに住み、この街を愛していた。彼の妻もまた、チューリッヒに留まることを望んでいた。しかし、ベルリン行きは願っていた夢が実現することでもある。

　プランクとネルンストは駅でアインシュタインを待った。彼らは気が気でない。アインシュタインは一緒にドイツに来てくれるだろうか？　しばらくして、アインシュタインの姿が見えた。彼は手に赤い花を持っていた。「諸君、私はドイツへ行きます。あなたたちの仲間入りです」アインシュタインの答えだった。

　アインシュタインは1914年4月にドイツへ移った。カイザー・ヴィルヘルム研究所＊での新しい仕事が始まった。そこにいる科学者たちは、ヨーロッパでトップクラスの人々だった。

　アインシュタインの研究は非常にうまくいっていたが、家族との生活はそうではなかった。ミレーバはベルリンを嫌がり、彼らは喧嘩をするようになった。

　アインシュタインはいとこのエルザと一緒に過ごすようになり、またしばしばどんなにエルザのことを好ましく思っているかを口にした。このときミレーバは非常に腹を立て、大喧嘩になることもあった。

＊**カイザー・ヴィルヘルム研究所**（Kaiser Wilhelm Institute）　ドイツの科学振興のため1911年ヴィルヘルム2世の勅許を得て設立された機関

Things became so bad that one day Einstein gave Mileva a list. It was all the things that she had to do if she wanted to stay married to him! Einstein said she had to bring his food to him in his room and speak to him only when he wanted to talk. But Mileva said no. She moved out of the house and told Einstein that she did not love him.

Einstein did not want to be married either, but he did not have enough money to give to Mileva. He told her that someday he was going to win the Nobel Prize. If she gave him a divorce, when he won the Nobel, he would give her the prize money. She thought about it for a week and said yes.

When Mileva left Berlin, Einstein took her and the children to the train station to say goodbye. He started to cry.

■move out of 〜から引っ越す　■Nobel Prize ノーベル賞　■divorce 名 離婚
■prize money 賞金

状況は悪くなるばかりで、ある日アインシュタインはミレーバにあるリストを渡した。そのリストには、もし自分との結婚生活を続けたいのならば彼女がやらなければならないことが書いてあった。彼女は食事を彼の部屋まで運んでいかなければならないことや、彼が話したいときしか話しかけてはいけないと書いてあった。しかしミレーバはこれを拒否した。彼女は彼を愛してないことを告げ、家を出ていった。

　アインシュタインの方も結婚生活を続けたくはなかったが、しかしミレーバに渡す十分なお金がなかった。彼はいつかノーベル賞を取るつもりであると妻に伝え、もし彼女が離婚を認めるのならば、彼がノーベル賞を取ったとき、その賞金を彼女に与えると言った。彼女は1週間考えた末に、その案を受け入れたのだった。

　ミレーバがベルリンを去るとき、アインシュタインは彼女と子供たちに別れを言うため、駅まで送っていった。彼は泣きはじめた。

World War I

For Einstein to win the Nobel Prize, the eclipse experiment had to go well. Freundlich and Campbell went to the Crimea for the great experiment. The Crimea was a dangerous place, and even worse, World War I was about to start.

On August 1, Germany declared war against Russia. Freundlich and Campbell were already in the Crimea, and Einstein had no way to tell them that they were in danger.

One day, some Russian soldiers saw Freundlich with his telescope. Campbell was American, so they were not worried about him, but Freundlich was arrested!

■go well うまくいく　■even worse さらに悪いことに　■declare 動 ～を宣言する
■have no way ～する道はない　■in danger 危機に瀕して　■arrest 動 逮捕する

第一次世界大戦

　アインシュタインがノーベル賞を取るためには、日食の実験が成功しなくてはならなかった。フロイントリッヒとキャンベルはこの偉大な実験のためにクリミアへ赴いた。クリミアは危険な場所で、さらに都合の悪いことに、第一次大戦が始まろうとしていた。

　8月1日、ドイツはロシアに宣戦布告した。フロイントリッヒとキャンベルはすでにクリミア内におり、アインシュタインには彼らに危険を伝える術はなかった。

　ある日、ロシアの兵士たちは望遠鏡を所持したフロイントリッヒを見つけた。キャンベルはアメリカ人だったので疑われることはなかったが、フロイントリッヒは逮捕されてしまった。

Campbell also had very bad luck. On the day of the eclipse, the sky was cloudy, and he could not see anything. The Russians took all his telescopes too, and he had to leave the Crimea.

In Berlin, Einstein could not believe his bad luck. He was very worried about what was going to happen to Freundlich. Finally, Freundlich was able to return to Germany, but the experiment was a failure.

America joined the war in 1917, but they were fighting against Germany. Einstein did not like the war at all, and he wanted to keep working with Campbell. But to Campbell, Einstein was a German, and the Germans were America's enemies.

The war was a difficult time for Einstein. His good friend Max Planck believed that the war was right, and so did another scientist named Fritz Haber. Haber was Einstein's boss, and Haber also helped him when he was having trouble with his wife. The two men were very good friends, but the things that Haber did in the war made Einstein very angry.

■bad luck 不運　■cloudy 形 曇った　■failure 名 失敗　■enemy 名 敵

キャンベルもまた不運に見舞われた。日食の日、空は曇り、何も見えなかったのだ。ロシア人に望遠鏡も全て没収されてしまい、彼はクリミアを立ち去るしかなかった。

　ベルリンにいたアインシュタインは、自分の運の悪さを信じられない思いでいた。フロイントリッヒはどうなるのだろうと心配したが、最終的にフロイントリッヒはドイツに帰還することができた。ただ、実験は失敗だった。

　1917年に参戦したアメリカは、ドイツの敵対国だった。アインシュタインは戦争をまったく好まず、キャンベルと仕事を続けたいと願っていた。しかしキャンベルにとっては、アインシュタインはドイツ人であり、ドイツはアメリカの敵だった。

　この戦争は、アインシュタインにとって難しい時期となった。彼の親友であるマックス・プランクはこの戦争は正しいことだと信じており、また別の科学者、フリッツ・ハーバー*もそう信じていた。ハーバーはアインシュタインの上司で、妻とうまくいっていない時に助けてくれた人だった。この2人は非常に良い友人だったが、そのハーバーが戦争中に行ったことに、アインシュタインは激怒した。

＊**フリッツ・ハーバー**（Fritz Haber）　ドイツ出身の物理化学学者、化学兵器の父とも呼ばれる、1868-1934

Einstein believed in peace and did not want to fight. When he looked out his window and saw the soldiers in the street going to fight the French and English, he thought they were crazy.

Haber was a great chemist, and he wanted to help Germany to win. He had an idea for a poison-gas weapon. Haber went to where the fighting was, and he used his new weapon to kill thousands of men.

Einstein believed that using science in this way was wrong. He was shocked that other scientists could use science to hurt or kill people.

Einstein decided to find other German scientists who did not like the war. But there were very few like him. He became a pacifist. There are many people like that today, but in Einstein's time, you had to be very brave to be one.

Einstein was alone, and his life was very difficult. It was a time of war, and it was difficult for Einstein to talk to scientists in other countries. But when he was alone, he had a chance to go back to his general theory of relativity. He looked at his old calculations.

■chemist 图 化学者 ■poison-gas weapon 毒ガス兵器 ■in this way このような方法で ■hurt 動 ～を傷つける ■pacifist 图 平和主義者 ■brave 形 勇敢な

アインシュタインは平和を信じ、争いを嫌った。仏英へ侵攻するため通りを進む兵士たちの姿が窓から見えるたび、彼らは頭がおかしくなったのだと思った。

　ハーバーは偉大な化学者であり、ドイツを勝利に導く手助けをしたいという考えだった。毒ガス兵器の使用を思いついたハーバーは戦場へ赴き、その新しい兵器を使い、何千という人間を殺したのだ。

　アインシュタインには、科学技術をこのように使うのは間違っているという信念があった。他の科学者たちが科学技術を、人を傷つけ殺す目的で使用できることに衝撃を受けた。
　アインシュタインは反戦のドイツ人科学者を探すことにした。しかし彼のような人物はほとんどいなかった。彼は平和主義者になった。今日ではそういう人は大勢いるが、アインシュタインの時代にはとても勇気のいることだったのだ。
　アインシュタインは孤立し、彼の人生は困難なものとなった。時代は戦争下にあり、他国の科学者たちと話をすることも難しかった。彼は孤独ではあったが、一般相対性理論に再び取り組む機会を得た。彼は昔の計算式を読み返した。

One day, he looked at the old calculation about the way that light curves when it goes by the sun. And he saw that it was wrong! Now he was happy that Freundlich and Campbell had not been successful. If Einstein's calculations did not match the photos, no one would believe his theory. Photos of the eclipse might have ended his career.

In 1915, Einstein was asked to give a talk about his theory of general relativity. He was going to the Prussian Academy, a place where the greatest scientists went to meet. But there was no way to show that he was right, and there were mistakes in his math!

After eight years of thinking, Einstein was still not finished with his theory. He did not have much time. He worked night and day, doing more and more calculations. Another scientist might have given up, but not Einstein.

Another great thinker, David Hilbert, was also working on the theory of relativity. Einstein was very worried that Hilbert would find the answer before he did.

■go by 〜のそばを通る　■wrong 形 誤っている　■match 動 一致する　■career 名 職業、経歴　■be finished with （仕事を）終える［完了する］　■night and day 昼も夜も

ある日、彼は以前作った、太陽の側を通るときの光の曲がり方を計算する式を見ていた。そして彼はそれが間違っていたことに気付いた！このとき彼は、フロイントリッヒとキャンベルの実験が成功しなかったことを初めて喜んだ。もしアインシュタインの計算式と、写真の結果が一致しなかったら、誰も彼の理論を信じなかっただろう。日食の写真が彼のキャリアを終わらせていたかもしれない。

　1915年、アインシュタインは一般相対性理論に関する講義をしてほしいと頼まれた。彼はプロイセン・アカデミーに行って、そこの最高の科学者たちに会うことになった。しかし彼の説を正しいと証明する方法は何もなく、彼の計算には間違いさえあった。

　8年間考えても、アインシュタインはまだ彼の理論を完成させられないでいた。彼には時間があまりなかった。昼夜を問わず研究をし、さらなる計算を重ねた。他の科学者だったら諦めていたかもしれない。しかしアインシュタインは諦めなかった。
　偉大な学者であるダフィット・ヒルベルト*もまた、相対性理論の研究をしていた。アインシュタインは、ヒルベルトが自分より先に答えを出すのではないかとハラハラしていた。

---

*ダフィット・ヒルベルト（David Hilbert）　ドイツの数学者、1862-1943

One day, Einstein went back to an old equation from three years before. It was a very good one, but at the time, he thought it was too strange. He started looking at it again, and somehow he knew that it was right.

Einstein also started thinking about an old mystery. He started thinking about the planet Mercury and the way it goes around the sun. Its orbit was strange, and this could not be explained by Newton's laws of gravity. Could Einstein use his equation to answer this very old question?

When Einstein used his calculations to understand the way Mercury moves around the sun, he saw that the match was almost perfect. Einstein's theory was right!

Both Einstein and Hilbert found the answer at about the same time. No one knows who was first. But Hilbert said that it was Einstein's theory, so he should be the winner.

On November 25, 1915, Albert Einstein gave his talk at the Prussian Academy. From that day on, it was no longer Newton's universe. It was Einstein's.

■somehow 副 どういうわけか ■planet 名 惑星 ■Mercury 名 水星 ■orbit 名 軌道 ■from that day on その日以来 ■no longer もはや〜でない

ある日、アインシュタインは3年前に作った方程式に立ち返ってみた。それは非常によくできた方程式だったが、当時はその式が奇妙すぎると考えていた。彼はその式を見直すと、どういうわけかその式は正しいことが分かった。

　アインシュタインはさらに、古くからある1つの謎についても考え始めた。水星と、その公転の軌道についてである。水星の公転軌道は変わっていて、ニュートンの「重力の法則」では説明のつかないものであった。この長年の疑問に、アインシュタインは自分の方程式を用いて答えることができただろうか？

　アインシュタインが水星の公転軌道の計算に自分の式を当てはめたところ、それは実際の軌道とほとんど完璧に一致していた。アインシュタインの理論は正しかったのだ。

　アインシュタインとヒルベルトはほぼ同じ時期にその答えを、みちびき出した。どっちが先であったのかは誰にも分からない。しかしヒルベルトは、それはアインシュタインの理論で、彼が勝者になるべきだといった。

　1915年11月25日、アルベルト・アインシュタインはプロイセン・アカデミーで講義を行った。その日以来、もはや宇宙はニュートンのものではなく、アインシュタインのものとなった。

Einstein now knew that he was right, but he still needed proof from an eclipse. The war was still on, and there was not enough food in Germany.

Einstein became very sick in 1917, and his cousin Elsa came to take care of him. For the next three years, Einstein had many problems with his health.

Times were difficult, but something good also happened. Over the months, he became close to Elsa, and the two fell in love. Finally, they were married in 1919. She had two children already, Ilse and Margot, and the four of them became a family.

Elsa was very different from Mileva. She did not understand relativity at all! She was not interested in science, but she spoke French and English very well. She was a good translator and helper for Einstein. She loved to cook and clean for Einstein, and sometimes she was more like a mother than a wife.

■proof 名 証拠、証明　■on 形 行われている、続いている　■take care of ～の世話をする　■translator 名 翻訳者、通訳者　■helper 名 助手、助力者

アインシュタインは自らの理論の正しさを確信していたが、しかし日食による証明はまだ必要だった。戦争はいまだ続いており、ドイツには十分な食料もなかった。

　1917年にアインシュタインは思い病気を患った。いとこであるエルザが彼の看病をした。それからの3年間、アインシュタインは何度となく健康を害した。

　苦しい時期ではあったが、良いこともいくつか起こった。数ヵ月をかけて、エルザとの距離は近づき、2人は愛し合うようになった。1919年、ついに2人は結婚した。彼女にはすでにイルゼとマルゴットという2人の子供がいたため、アインシュタインは4人家族になった。

　エルザはミレーバとは全く違う女性だった。彼女には相対性理論はまるで分からなかった。科学に興味はなかったが、フランス語と英語が堪能だったので、アインシュタインの良き翻訳者として彼を助けた。彼女はアインシュタインのために料理や掃除、洗濯をし、時には妻というよりもむしろ母親のような存在だった。

Einstein and Eddington

At this time, there was a scientist in England named Arthur Eddington. He was an astronomer and also a pacifist like Einstein. Because of the war, it was very difficult for scientists to tell each other about their theories and work, but Eddington got a copy of one of Einstein's papers from a friend in the Netherlands.

When Eddington saw Einstein's theory of general relativity, he knew that he had to work on it. Eddington wanted to show that scientists in different countries could work together, even in a time of war. He was the only man in England who knew about it, and he knew it was his big chance.

■Netherlands 名 オランダ

アインシュタインとエディントン

　その当時、イギリスにアーサー・エディントン*という科学者がいた。彼は天文学者であり、そしてアインシュタインと同じく平和主義者でもあった。戦争のせいで、科学者たちが研究の成果や自分たちの理論について話すことは非常に難しくなっていたのだが、エディントンはアインシュタインの論文の写しを、オランダにいる友人から入手していた。

　エディントンがアインシュタインの一般相対性理論を読んだとき、彼はこの理論の研究をしなければならないと思った。エディントンは、たとえ戦時中であっても、他の国々の科学者たちと共に研究することができるということを示したいと思ったのだ。彼は相対性理論を知るイギリスで唯一の人間であり、これは彼自身にとって大きなチャンスでもあったのだ。

***アーサー・エディントン**（Arthur Eddington）　イギリスの天文学者、相対性理論に関する業績で知られる。アインシュタインの一般相対性理論を英語圏に紹介した。1882-1944

The American astronomer William Campbell was now working to show that Einstein was wrong. He took pictures of an eclipse in America, and they did not support Einstein's theory. The problem was that he had lost his telescope in Russia, and he had to make a new one, but the parts were not very good.

The next eclipse was coming in June of 1918, but you could not see it in England. As soon as the war ended, Eddington went to Principe, a small island near Africa.

Eddington had to build a telescope in the middle of the jungle. On the day of the eclipse, the weather was cloudy, and it was very difficult to take pictures. Eddington did his best, but most of them were no good because of the clouds.

Finally, when he looked at the last pictures, Eddington saw that there were a few stars in them, and he hoped that he might be able to use them.

Eddington came back to England at the same time that Campbell was going to talk to the Royal Society. In his speech, Campbell said that Einstein was wrong, and showed them his photos. Many people believed him.

■support 動 裏付ける　■part 名 部品、パーツ　■as soon as 〜するや否や
■Principe 名 プリンシペ（島）《アフリカ西海岸沖にある島》　■do one's best 最善を尽くす

アメリカの天文学者ウィリアム・キャンベルは、いまやアインシュタインの間違いを明らかにすることに取り組んでいた。彼がアメリカで撮影した日食の写真は、アインシュタインの理論を裏付けるものではなかった。ただそこには問題があった。彼はロシアで望遠鏡を失ったので、新しく作らなければならなかったのだが、その部品はあまりよいものではなかったのだ。

　次の日食が起こるのは1918年の6月だったが、イギリスからは観測することができない。戦争が終わるや否や、エディントンはアフリカの近くにある小さな島、プリンシペ島へ向かった。

　エディントンはジャングルの真ん中で望遠鏡を組み立てねばならなかった。日食の日、天気は曇りで、写真を撮るのは難しかった。エディントンはできる限りを尽くしたが、ほとんどの写真は雲がかかっていて使い物にならない。

　残り少ない写真の中に、いくつかの星が写っているのをエディントンはとうとう見つけた。これは使えるかもしれないという希望がわいてきた。

　エディントンがイギリスに帰国したのと同じ頃、キャンベルは王立協会*で講演をすることになっていた。キャンベルは講演の中で、アインシュタインは間違っていると述べ、写真を提示した。大勢の人がそれを信じたのだ。

***ロンドン王立協会**（Royal Society）　現存する最も古い科学学会、1660-

Almost at the end of his talk, though, someone came into the room carrying a telegram from Eddington. It said that he thought that Einstein might be right. Four months later, on November 6, 1919, Eddington gave his talk to the Royal Society.

When Eddington gave his talk, everyone was excited. He spoke in front of a picture of the great Isaac Newton. He pointed to the picture and said that he was sorry, but Newton was wrong! Eddington had found that Einstein was right!

Suddenly, Einstein became one of the most famous men in the world. Until that time, no one but scientists knew his name. People learned that everything that they believed about the universe was wrong!

It was a revolution in science. Few people were able to understand Einstein's ideas, but everyone knew his name. No one was more surprised by all of this than Einstein himself.

■give a talk 講演をする、発表する　■revolution 名 革命、大変革

しかし彼の講演がほとんど終わろうとする頃、部屋にエディントンからの電報を携えた人が入って来た。その電報には、アインシュタインは正しいかもしれないという彼の意見が書かれていた。それから4ヵ月後の1919年11月6日、エディントンは王立協会で講演を行った。

　エディントンの講演に、誰もが熱狂した。彼は偉大なるアイザック・ニュートンの肖像画の前で話をした。彼はその絵を指し、そして申し訳ないとしながらも、ニュートンは間違っていたと言ったのだ！ エディントンはついにアインシュタインが正しかったという結論に達したのだった。

　突如として、アインシュタインは世界で最も有名な人になった。それまでの間、彼の名前を知っているのは科学者たちだけであった。今まで信じてきた宇宙に関する全てのことが間違っていたことを、人々は知ったのだ。

　それは科学における革命だった。アインシュタインの理論を理解できる人はほとんどいなかったが、彼の名前は誰もが知っていた。そのことに誰よりも一番驚いたのがアインシュタイン彼自身である。

Suddenly, everyone wanted to talk to Einstein, and he was asked by many people to go and speak to them. In 1921, Einstein was so popular that he was asked to go on a trip around the world. He went to the US, Britain, France, Japan, and Palestine.

When Einstein got to New York, people were very excited, and 15,000 men, women, and children came to see him. He traveled all over the country, and people loved him.

Einstein was popular, but there were still some scientists who did not believe his theories. People in America and England were still angry about the war, and many of them did not like Einstein because he was German.

Eddington's and Campbell's photos showed different things, so it was necessary to try again. The next chance to see an eclipse was coming in 1922. This eclipse was going to be in Australia.

Campbell went to Australia. He made a new telescope and went to a place called Ninety Mile Beach.

■get to 〜に到着する　■It's necessary to 〜する必要がある
■Ninety Mile Beach 90マイル・ビーチ《オーストラリアの地名》

突然、誰もがアインシュタインと話したいと思うようになり、大勢の人から講演の依頼を受けるようになった。1921年になると、アインシュタインはそのあまりの人気に、世界を巡る旅行をすることになった。彼はアメリカ、イギリス、フランス、日本、パレスチナへ赴いた。

　アインシュタインがニューヨークに着いたとき、人々は熱狂し、老若男女1万5千人が彼を見ようと集まった。彼は全国を旅して回り、そして人々は彼を愛した。

　アインシュタインは人気者になったが、まだ彼の理論を信じていない科学者たちもいた。アメリカやイギリスの人々はまだ戦争のことで怒りを燃やしており、アインシュタインがドイツ人だという理由で嫌う人も多かった。

　とはいえ、エディントンとキャンベルの写真が異なる結果を写し出しているのも事実。再検証が必要だった。次に日食を観測できる機会は1922年、オーストラリアだった。

　キャンベルはオーストラリアへ向かった。新しく作った望遠鏡を携えて、ナインティー・マイル・ビーチと呼ばれる浜辺へ行った。

This time, Campbell was not alone. There were seven groups of scientists who went to Australia to see if Einstein was right! But because of the weather and other problems, most of the groups could not get good photos. Campbell was the only one who had success. He got photos of 92 stars.

Campbell very much wanted Einstein to be wrong. If he showed that Einstein made a mistake, Campbell would become very famous. But when he looked at the photos, he saw that the stars were in the places Einstein said they should be.

Campbell was a good scientist, and he had no choice but to tell everyone that Einstein's theory was right.

The war was now over, and people were very happy to have some good news. They were excited because a German Jew had worked with an English scientist while the two countries were at war. It seemed like the beginning of a new world.

■see if 〜かどうかを確かめる　■have no choice but する他に選択の余地がない
■over 形 終わって　■Jew 名 ユダヤ人　■seem like 〜のように思える

今回は、キャンベルは1人ではなかった。7つの科学者たちのグループが、アインシュタインが正しいかどうかを見届けるためにオーストラリアまでやって来たのである。しかし天候やその他の問題から、一同のほとんどはいい写真が取れなかった。ただ1人、キャンベルだけが撮影に成功していた。彼は92個の星が写った写真を撮っていた。

　キャンベルはどうしてもアインシュタインに間違っていてほしかった。もしアインシュタインが間違っていることを明らかにできれば、キャンベルの名が知られることになるだろう。しかし彼はその写真を見たとき、星々がアインシュタインの言った通りの位置にあるのを見てとった。

　キャンベルは優れた科学者であり、アインシュタインの理論は正しかったと公表する以外の選択肢は彼にはなかった。

　いまや戦争は終結し、人々は良いニュースを聞き幸せな気分だった。ドイツ系ユダヤ人とイギリスの科学者が、戦争中に協力して研究を行ったという事実は、人々の胸を高鳴らせた。それは新しい世界の幕開けのように思えた。

TOEIC®/ビジネスで役立つ表現

TOEIC®・ビジネス英語の名トレーナー、ICCラーニングの鹿野先生が本文から厳選した重要語句や言い回しです。TOEIC®対策だけでなく、ビジネスシーンで使用度の高い例文を付けました。

☐ face to face 「直接会って」

They came to talk to Einstein face to face and ask him to come back to Germany with them. (p.102, 11行目)
彼らはアインシュタインと直接会って、ドイツにいっしょに戻ろうと頼みました。

e.g. We need to discuss the issue face to face.
我々は、直接会ってその問題を話し合う必要があります。

They will set up a meeting to meet face to face.
彼らは、直接会うためのミーティングを設定する予定です。

☐ promise 「〜を約束する」

He promised to come to meet them at the station before they left. (p.104, 12行目)
彼は、彼らが出発する前に駅で会うと約束しました。

e.g. I promise it'll never happen again.
それが二度と起こらないと約束します。

We promise delivery within 2 working days.
2営業日以内の出荷をお約束します。

3

☐ **go well**「うまくいく」

> Einstein's research was going very well, but his family life was not. (p.106, 13行目)
>
> アインシュタインの研究はうまくいっていましたが、家庭生活はそうではありませんでした。

e.g. Your presentation went really well.
あなたのプレゼンはとてもうまくいきました。

I hope your meeting goes well.
ミーティングがうまくいくことを祈っています。

☐ **start to do**「〜を始める」

> He started to cry. (p.108, 15行目)
> 彼は泣き始めました。

e.g. It started to function normally.
それは、正常に機能し始めました。

I started to play golf two years ago.
2年前にゴルフを始めました。

☐ **even worse**「さらに悪いことに」

> The Crimea was a dangerous place, and even worse, World War I was about to start. (p.110, 3行目)
>
> クリミアは危ないところで、さらに悪いことに第一次世界大戦が始まろうとしていました。

TOEIC®/ビジネスで役立つ表現

> **e.g.** The situation will become even worse.
> 状況は、さらに悪化するでしょう。
>
> It will make the problem even worse.
> それは、問題をさらに悪化させるでしょう。

☐ have trouble with 「〜で苦労する」

> Haber was Einstein's boss, and Haber also helped him when he was having trouble with his wife. (p.112, 16行目)
> ハーバーはアインシュタインの上司で、その上、妻とうまく行っていない時に、助けてくれました。

> **e.g.** I'm having trouble with my new PC.
> 私は、新しいパソコンにてこずっています。
>
> Have you had any trouble with this?
> これに関して、困っていることがありますか?

☐ not have much time 「時間があまりない」

> He did not have much time. (p.116, 14行目)
> 彼にはあまり時間がありませんでした。

> **e.g.** We don't have much time to think about it.
> 我々は、それを考える時間があまりありません。
>
> You don't have much time to prepare for it.
> あなたは、それの準備をする時間があまりありません。

3

☐ no one knows「誰にもわからない」

> No one knows who was first.（p.118, 15行目）
> 誰が最初だったのか、誰にもわかりません。

e.g. No one knows anything about it.
それについては、誰にもわかりません。

No one knows what'll happen in the future.
未来に何が起こるかは、誰にもわかりません。

☐ more like「むしろ〜に近い」

> She loved to cook and clean for Einstein, and sometimes she was more like a mother than a wife.（p.120, 15行目）
> 彼女はアインシュタインのために料理をしたり、掃除をしたりしました。そして時には妻というよりむしろ母のような存在でした。

e.g. I need to be more like you.
もっとあなたを見習わなくてはなりません。

It sounds more like a joke.
それは、むしろ冗談のように聞こえます。

TOEIC®/ビジネスで役立つ表現

☐ **because of**「～のために」

Because of the war, it was very difficult for scientists to tell each other about their theories and work, but Eddington got a copy of one of Einstein's papers from a friend in the Netherlands. (p.122, 3行目)
戦争のせいで、科学者たちが研究の成果や理論について話すことは非常に難しくなっていたが、エディントンは、オランダの友人からアインシュタインの論文のコピーを受け取っていました。

e.g. The company has shut down its plant because of a material shortage.
原材料の不足で、その会社は工場を閉めています。

Because of a number of factors, the plan was postponed.
いろいろなことが重なって、計画は延期されました。

☐ **The problem is that**「問題は～だ」

The problem was that he had lost his telescope in Russia, and he had to make a new one, but the parts were not very good. (p.124, 4行目)
問題は、彼はロシアで望遠鏡を失くしていて、新しく作った望遠鏡の部品はあまりよいものではなかったのです。

e.g. The problem is that he lacks in experience.
問題は、彼には経験が不足していることです。

The problem is that doing this may cause a delay in shipment.
問題は、これを行うことで発送に遅れが出るかもしれないことです。

☐ **revolution**「革命」

It was a revolution in science. (p.126, 15行目)
それは科学における革命でした。

e.g. We have created a revolution in this industry.
我々は、この産業に革命をもたらしました。

It sparked a revolution in communication technology.
それは、通信技術の革命を引き起こしました。

□ all over the country「全国的に」

He traveled all over the country, and people loved him. (p.128, 8行目)
彼は全国を回り、人々は彼を愛しました。

e.g. This is in wide use all over the country.
これは、全国で広く利用されています。

The movement spread all over the country.
そのブームは、全国に広がりました。

□ have no choice but to do「〜するしかない」

Campbell was a good scientist, and he had no choice but to tell everyone that Einstein's theory was right. (p.130, 12行目)
キャンベルは優れた科学者で、アインシュタインの理論は正しかったと皆に言うしかありませんでした。

e.g. We have no choice but to change suppliers.
我々は、納入業者を変更するしかありません。

We have no choice but to cut costs.
我々は、経費を削減するしかありません。

🐦 記憶に残るアインシュタインの言葉の数々 🐦

🐦 どうして自分を責めるんだ？
他人がちゃんと責めてくれるんだから、いいじゃないか

> 🐦 **成功者になろうとするのではなく、
> 価値ある人間になるように努力すべきです**

🐦 私は天才ではない。
ただ人よりも長く一つのことと付き合っていただけだ

> 🐦 人を批判するときは、よく相手のことを
> 調べてからにすべきだ

🐦 私が生涯を通じてやろうとしたのは、ただ、
問いかけることでした。神はこの宇宙を、別な風に
作ることができたのだろうか。それとも、こう作るしか
なかったのだろうか。そして、もしチャンスがあったなら、
私はどんな風に宇宙を作っただろうか

> 🐦 **私に何か才能があるとすれば、
> それは「ラバのような強情さ」です**

🐦 普通の大人は決して立ち止まって「時間」や「空間」について
考えたりしません。子供だけが、そういうことをします。私の
秘密は、子供のままでいたことです。私は、単純きわまりない
質問を続けてきました。そして今も、問いかけています

> 🐦 **非凡な人間は平凡な人間からたたかれるのが、
> 世の常です**

PART 4

The Greatest Scientist in the World 140
世界で最も偉大な科学者

To America 150
アメリカへ

Einstein's Last Days 162
晩年のアインシュタイン

The Greatest Scientist in the World

In 1922, Einstein won the Nobel Prize. As he promised, Einstein gave the money to Mileva.

Other scientists now began to use Einstein's ideas. In the same year, another man, Alexander Friedmann, used the theory of relativity in some very important work. Einstein said that the universe must either be getting bigger or getting smaller because if it did not, gravity would move all of the galaxies together.

Friedmann, a Russian mathematician, had an idea called the "big bang theory." The big bang theory says that the universe started from an explosion billions of years ago. It says that all the galaxies are moving away from each other very fast. His theory was only possible because of Einstein's work.

■either A or B AかそれともB　■galaxy 名 星雲　■mathematician 名 数学者
■big bang theory ビッグバン宇宙論　■billion 名 10億　■move away from 〜から離れる

世界で最も偉大な科学者

　1922年、アインシュタインはノーベル賞を受賞した。彼は約束した通り、賞金をミレーバに渡した。

　その頃には、他の科学者たちもアインシュタインの理論を用いるようになっていた。その年、アレクサンドル・フリードマン*という1人の男が、相対性理論を使って、ある重要な研究を行った。アインシュタインは宇宙は膨張し続けているか、もしくは縮小し続けているかのどちらかだと主張していた。なぜなら、もしそうでないとしたら重力が全ての銀河をいっしょに動かしてしまうからである。

　ロシアの数学者であるフリードマンは「ビッグバン理論」と呼ばれる発想を得た。ビッグバン理論は、宇宙は数十億年前にあったある爆発から始まったと説明している。全ての銀河はお互いがものすごい速度で遠ざかっているのだという。彼の理論があるのはひとえにアインシュタインの研究あってのことである。

＊**アレクサンドル・フリードマン**（Alexander Friedmann）　ロシアの宇宙物理学者、1922年に一般相対性理論の場の方程式に従う膨張宇宙のモデルをフリードマン方程式の解として定式化したことで知られる。1888–1925

Later, in 1929, the famous astronomer Edwin Hubble showed that the universe really is getting bigger. Einstein had begun the new science of cosmology, the study of the universe.

Einstein had done many things in his life, but he was not even close to finished. In the 1920s, he started working to bring peace to the world. He wanted people to know about his pacifist ideas, and he joined the League of Nations' International Committee on Intellectual Cooperation. These men and women wanted to share science and culture from around the world to bring peace.

Einstein joined because he remembered the days during the war when he could not talk to other scientists. He believed that he had to do something to stop this kind of thing from happening again. When he saw the way that science had been used as a weapon during the war, he wanted to do something to make sure it was used only for peace.

■cosmology 名 宇宙論　■share 動 共有する　■make sure that （that以下に）確実になるようにする

その後の1929年、有名な天文学者のエドウィン・ハッブル*は、宇宙が実際に膨張し続けていることを明らかにした。アインシュタインの理論が、宇宙を研究する新しい科学分野、宇宙論の元になったともいえる。

　アインシュタインはその人生で多くのことを成し遂げたが、それでもまだ完成の域には近づいてさえいなかった。1920年代、彼は世界平和のための活動を始めた。彼は人々に彼の平和主義者としての考えを知ってほしいと思い、国際連盟*の国際知的協力委員会*に参加した。そこに集まった人々は世界中の科学と文化を共有し、平和をもたらすことを目的としていた。

　戦時中、他の科学者たちとやり取りができなかったことを思い、アインシュタインはこの委員会に参加したのだ。彼は再びこんなことが起きないように何か行動に移すべきだと強く思っていた。戦争中、科学技術が兵器に用いられるのを見た彼は、科学は平和のためだけに使われるようにするために何かをしたいと思ったのだ。

***エドウィン・ハッブル**（Edwin Hubble）　アメリカ合衆国の天文学者、現代の宇宙論の基礎を築いた。1889-1953

***国際連盟**（League of Nations）　第一次大戦の教訓から発足した史上初の国際平和機構、1920-1946

***国際知的協力委員会**（International Committee on Intellectual Cooperation）　国際連盟の諮問機関、1922-1946

During the 1920s, Einstein continued to travel all over. He was famous for his ideas, but he also became famous for the way he looked. Einstein did not like to brush his hair, and his clothes were usually old and worn. Often, he did not even wear socks. His strange hair became famous, and everywhere he went, people wanted to take his photo.

He was very busy giving speeches, but Einstein also continued his scientific work. By the 1920s, most scientists knew that the old science of Newton did not work well with the world of atoms.

Physics had to change because of the work of Planck and Einstein.

After 1925, the world began to see a new quantum theory. Werner Heisenberg, Niels Bohr, and other men who made the theory said that there was no good way to predict what a particle will do.

Einstein did not like this idea at all. Why? Because Einstein believed that everything in the universe can be explained.

■the way someone looks（人）の容姿　■worn 形 擦り切れた　■give a speech スピーチをする　■world of atm 原子の世界　■quantum theory 量子論　■predict 動 ～を予測する

1920年代、アインシュタインは各地を旅して回った。彼は彼の考えた理論によって有名になったが、彼の外見もまた話題を呼んでいた。アインシュタインは髪をとかすのが嫌いで、いつも古くくたびれた服を着ていた。靴下をはかないこともしばしばだった。彼のおかしな髪型は有名で、彼が行く先々で、人々は彼の写真を撮りたがった。

　彼は講演を行うのにとても忙しかったが、それでも科学研究は続けていた。1920年代にはほとんどの科学者が、原子の世界においてはニュートンの古い科学はうまく機能しないことを認めていた。

　物理学はプランクとアインシュタインの業績によってその姿を変えなければならなかった。
　1925年以降、量子論という新しい理論が出てきた。ヴェルナー・ハイゼンベルク*、ニールス・ボーア*、その他、量子理論を作った人たちは、粒子の動きを予測する良い方法はないと述べた。

　アインシュタインはその考えには同調しなかった。なぜか？ それはアインシュタインは宇宙に起こる全てのことは説明ができると信じていたからだ。

---

*ヴェルナー・ハイゼンベルク（Werner Heisenberg）　ドイツの理論物理学者、量子力学に絶大な貢献をした、1901-1976
*ニールス・ボーア（Niels Bohr）　デンマークの理論物理学者。量子力学の確立に貢献、量子力学に反対するアインシュタインと論争を続けた。1885-1962

Einstein made calculations to explain matter and energy. He made calculations to explain gravity. Now he believed that there must also be a calculation to explain quantum particles. Einstein said, "[God] does not throw dice."

Einstein wanted to work on a "unified field theory." This theory would explain not just light and gravity, but also electrodynamics. Today, the laws of science that explain why airplanes can fly or how motors work are very different from the ones that explain the world of atoms. Einstein wanted one theory that could be used for everything.

In the days when Einstein first played with the compass he got from his father, he had the idea that everything in the world can be explained with fields. He really believed that he could find a way to bring everything in science together with one great theory.

■quantum particle 量子論的粒子（電子や光子など）　■dice 図 さいころ
■electrodynamics 名 電気力学　■laws of science 科学的法則

アインシュタインは物質とエネルギーを説明するための式を作った。重力を説明する式もできた。彼はいまや量子論的粒子だって式で表すことができるにちがいないと信じていた。「神はサイコロは振らない」とアインシュタインは言った。

　アインシュタインは「統一場理論*」に取りかかりたいと思っていた。その理論によって、光や重力だけでなく、電磁気力をも説明したかったのだ。飛行機が飛ぶ仕組みや、モーターがどのように働くかを説明する今日の科学的法則は、原子世界において説明される法則と全く異なっている。アインシュタインはどんなものにも適応できる理論を求めていたのだ。

　アインシュタインが、父からもらった方位磁石に初めて触れて遊んだ日々、彼は世界の全てのことは「場」で説明できるのだと思った。1つの偉大な理論で、すべてのことを科学として体系づける方法を見つけることができるはずだとアインシュタインは固く信じていたのだ。

＊**統一場理論**（unified field theory）　様々な力を統一しようとする場の理論

Einstein worked and worked, and sometimes he thought that he was getting very close to the answer. But other scientists in the world thought that this time, his ideas were probably not right. They began to move on to other ideas, and once again, Einstein was almost alone.

At the Solvay Conferences of 1927 and 1930, Einstein argued with Niels Bohr from Denmark about the quantum theory. It went on day and night, and neither man gave up.

Today, most scientists think that Einstein was wrong in his hope of finding a unified field theory, but even when he was wrong, Einstein was a big help. In his debates with Niels Bohr and the other scientists who believed in the quantum theory, Einstein's criticisms were a big help in making them make their ideas better!

■move on to 〜に移る ■argue with 〜と議論する ■debate 名 議論、論争
■criticism 名 批判

アインシュタインは研究に研究を重ね、答えまであとほんのわずかだと思ったことも何度かあった。しかしこのとき、世界の他の科学者たちは彼の考えは恐らく正しくないだろうと考えていた。彼らは他の考えに移っていき、そして再び、アインシュタインはほとんど一人ぼっちになった。

　1927年と1930年に行われたソルベー会議＊で、アインシュタインはデンマークから来たニールス・ボーアと、量子論についての議論をした。議論は昼夜に及び、両者とも互いに譲らなかった。

　今日、多くの科学者たちは、アインシュタインが統一場理論を見つけようとしたことは間違いだったとしている。しかしたとえ彼が間違っていたとしても、アインシュタインは大きな貢献をした。ニールス・ボーアや量子論を支持する他の科学者たちと論争する中で、アインシュタインが示す反論は彼らの考え方を結果的には発展させることになったのだ！

＊**ソルベー会議**（Solvay Conferences）　エルネスト・ソルベーとヴァルター・ネルンストが、1911年に初めて開催した一連の物理学に関する会議

To America

In the early 1930s, Adolf Hitler and the Nazis were becoming more and more powerful in Germany. Einstein helped to make a group of Jews who tried to stop the Nazis during the 1920s, and the Nazis hated him.

Every day, things were getting much worse in Germany, and in 1932 Albert and Elsa went to America. While they were there, the Nazis took over the German government.

One of the first things the Nazis did was to make a law that said no Jews could work in any kind of official job. Einstein could not return to his job at the university. People were burning books written by Jews, and Einstein was being attacked all the time.

■Nazi 名 ナチ、ナチス　■hate 動 ～を憎む　■get worse 悪化する　■take over（権力などを）奪取する　■official job 公的な職　■burn 動 燃やす　■attack 動 ～を攻撃する、～を非難する

アメリカへ

　1930年代の初めに、アドルフ・ヒトラー*とナチスがドイツで台頭し、さらに力を強め始めた。アインシュタインは1920年代にナチスを阻止しようとするユダヤ人団体の結成に力を貸したため、ナチスから憎まれていた。

　ドイツでは日を追うごとに事態が悪化し、1932年には、アインシュタインはエルザとともに、アメリカへ向かうことにした。2人がアメリカにいる間に、ナチスはドイツ政権を握った。

　ナチスはまず、ユダヤ人はいかなる公的な職にも就くことはできないという法律を制定させた。それによってアインシュタインは大学での仕事に復帰することができなくなった。ユダヤ人が書いた本は燃やされ、アインシュタインは常に攻撃の的となった。

＊**アドルフ・ヒトラー**（Adolf Hitler）　ドイツの政治家、国家社会主義ドイツ労働者党党首として、反ユダヤ主義を掲げる。1939年のポーランド侵攻によって第二次世界大戦を引き起こした。1889-1945

Then the Nazis did something more shocking. They said that they would give $5,000 to the person who killed Einstein. It was too dangerous for him to go back to Germany because he was a Jew.

Einstein decided to stay in America. He was asked to come to the famous Princeton University, and he and Elsa bought a house in Princeton, New Jersey in 1935.

Sadly, though, Elsa died the very next year. She had taken care of Einstein for many years, but now he was alone. He found a secretary to help him, and one of Elsa's daughters came to live with him in Princeton.

During these years, Einstein tried to finish his unified field theory. Since his debates with Niels Bohr, Einstein had seen that quantum physics was good for understanding the way that atoms worked. Using it, science was able to explain almost everything that happened in the physical world. But he still thought it was possible to find a better theory.

■shocking 形 衝撃的な　■Princeton University プリンストン大学　■very next year まさにその翌年に　■secretary 名 秘書　■physical world 物質界、現実の世界

そしてナチスはさらに驚くようなことをした。アインシュタインを殺したものに5000ドルを与えると発表したのだ。ユダヤ人である彼がドイツに戻るのはあまりにも危険だった。

　アインシュタインはアメリカに留まることにした。有名なプリンストン大学からの招きを受け、1935年、彼とエルザはニュージャージー州プリンストンに家を買った。

　悲しいことに、その次の年の初めにエルザが亡くなった。彼女は長年アインシュタインの世話を焼いてくれていたが、いまや彼は一人になってしまった。彼は手助けをしてくれる助手を一人見つけ、さらにエルザの娘の一人がプリンストンに来ていっしょに暮らしてくれることになった。

　その数年の間、アインシュタインは統一場理論を完成させようと試みた。ニールス・ボーアと討論を行ってからというもの、アインシュタインも量子力学は原子の働きを理解するのに有効だと思うようになっていた。量子力学を使えば、物質界で起こるほとんど全てのことは科学で説明することが可能だった。しかし彼はもっと優れた理論を発見することが可能だと考えていたのだ。

Einstein still wanted to work by himself, but all around the world, scientists were starting to work in bigger and bigger groups. People like Einstein who wanted to do theory were working together with scientists in labs. They were getting a lot of money from the government, and they were using expensive technology to do their experiments.

Einstein was still a genius, but science had changed, and he was just one man. He could not keep up. Einstein never stopped working on his theories, but after the 1920s, he was much more important as a man who worked to change society than he was as a scientist.

In the late 1930s, Einstein saw the Nazis becoming stronger and more dangerous. He saw the terrible things they were doing to Jews in Germany. The Nazis were taking the Jews' money and houses, and making them leave the country. Einstein helped as many Jews as he could to come to America.

The things he saw in Germany made Einstein change his mind about war. He now thought that Hitler and Germany were so dangerous that there was no choice but to attack them.

■expensive 形 費用のかかる　■genius 名 天才　■keep up 遅れないでついて行く

アインシュタインは1人で研究するのを好んだが、世界の科学者たちはより大きなグループで研究を行うようになっていた。アインシュタインと同じく理論を導き出そうとする人たちは、科学者たちと研究室に集まって作業をした。政府から巨額の資金を受け、費用のかかる技術を実験に使った。

　アインシュタインはいまだに天才だったが、科学は変わり、そして彼はただの一人の男でしかなかった。彼には、もはやついていくことはできなかった。アインシュタインが彼の理論の研究を止めることはなかったが、しかし1920年代以降、彼は科学者としてよりも、社会を変える役割を果たすために重要な存在となっていた。

　1930年代の後半、アインシュタインはナチスがますます力を持ち、危険な存在になっていくのを見た。ドイツでのユダヤ人に対する恐ろしい行為を知った。ナチスはユダヤ人の財産や家を没収し、彼らを国外追放した。そこでアインシュタインは、なるべく多くのユダヤ人がアメリカに来る手助けをしたのである。

　ドイツで起こった出来事は、戦争に対するアインシュタインの考えを変えさせた。ヒトラーとドイツはあまりにも危険だと考えるようになった彼は、もはや彼らに攻撃を仕掛ける以外の選択肢はないと思うようになったのだ。

In 1939, a scientist from Hungary named Leo Szilard told Einstein that the Germans were working to make an atom bomb.

Einstein did not know much about the atom bomb, so Szilard explained it to him. He told Einstein about how powerful it was, and the great dangers of these weapons.

Einstein was very worried, and he believed that if Hitler had a weapon like that, it would be a terrible thing. He wrote a letter to the American president Franklin Delano Roosevelt. Einstein told him that America should make its own atom bomb and do everything it could to stop Hitler.

Einstein was the most famous scientist in the world, and when he talked, people listened. If he had never written that letter, no one knows if America would have made the atom bomb or not.

America started the Manhattan Project and began making the world's first atom bomb.

■atom bomb 原子爆弾　■president 图 大統領

1939年、ハンガリー出身の科学者であるレオ・シラード*が、ドイツが原子爆弾の研究に着手していることを、アイシュタインに告げた。

　アインシュタインは原子爆弾についてあまり詳しく知らなかったので、シラードの説明を聞いた。シラードは、それがどれほど強力で、かつ極めて危険な兵器であるかということを教えた。
　アインシュタインは非常に心配し、もしヒトラーがそのような兵器を持てば恐ろしいことになるだろうと思った。アインシュタインはフランクリン・デラノ・ルーズベルト*大統領に手紙を書き、アメリカも独自に原子爆弾を開発し、ヒトラーを阻止するためにできる限り全てのことをするべきであると告げた。

　アインシュタインは世界で最も有名な科学者であり、彼が口を開けば、人々は耳を傾けた。もし彼がその手紙を書かなければ、アメリカは原子爆弾を作っただろうか、作らなかっただろうか？それは誰にも分からない。
　アメリカはマンハッタン計画*を開始し、そして世界で最初の原子爆弾を作り始めた。

***レオ・シラード**（Leo Szilard）　ハンガリー生まれのアメリカのユダヤ系物理学者、原子爆弾開発に関わった、1898-1964
***フランクリン・デラノ・ルーズベルト**（Franklin Delano Roosevelt）　アメリカ合衆国の政治家、第32代アメリカ大統領、任期1933-1945
***マンハッタン計画**（Manhattan Project）　第二次大戦中、アメリカで進められた原子爆弾開発・製造計画

The war years were a difficult time for Einstein. He still had many friends in Germany, and it was still a country that he loved. He did not like the Nazis, but it was terrible to see fighting in such a beautiful place and to hear of friends dying.

Einstein wanted to help America, so he helped the government to get money. He sold many of his famous papers. His paper on special relativity from 1905 was sold for $6.5 million!

The Manhattan Project thought about asking Einstein to help, but there was a problem. He was a German, and he was a member of some socialist groups.

Einstein never did any work on the atom bomb, and in the end, he was glad that he did not. In August of 1945, America used atom bombs on the cities of Hiroshima and Nagasaki in Japan.

■war year 戦時　■socialist 名 社会主義者　■in the end 結局

アインシュタインにとって、戦争中は困難を伴う時期であった。ドイツにはまだ彼の多くの友人たちが残っていたし、彼は祖国を愛してもいた。ナチスを憎むのはもちろん、あのような美しい場所で戦闘が行われているのを見ることも、友人たちの死を聞くことも辛かった。

　アインシュタインはアメリカを助けたいと思い、政府の資金獲得のための手助けをした。彼は自分の有名な論文の数々を売却した。1905年に書いた特殊相対性理論は650万ドルにもなった！

　マンハッタン計画にアインシュタインの参画を要請しようという話もあったが、一つ問題があった。彼はドイツ人であり、そしてある社会主義団体の一員でもあった。
　結局、アインシュタインが原子爆弾の研究に関わることはなかった。そして最終的に、アインシュタインは関わらなかったことを良かったと思った。1945年8月、アメリカは日本の広島と長崎に原子爆弾を使用した。

At the end of the war, Einstein was happy that the danger from Germany and Japan was over, but he also felt very sad. When Einstein heard about the terrible power of the atom bomb and how many people it killed, he wished that he had never told Roosevelt to make it.

In his later years after the war was finished, Einstein was very afraid of the danger of nuclear weapons. He watched as the United States and Russia built more and more of them. Einstein wanted to do something, and he often spoke about the dangers of nuclear war.

Einstein also started working to make society better in other ways. He supported the black rights movement, and he asked America and England to make a homeland for Jews in Israel.

In 1952, the new country of Israel asked Einstein to be its first president! He did not take the job, but many people think he would have been a very good one.

■nuclear weapon 核兵器　■in other ways 他の方法で　■homeland 図 母国、故国

戦争が終わったとき、アインシュタインはドイツと日本の脅威が去ったことを喜んだが、しかし同時にひどく悲しみもした。原子爆弾の持つ恐ろしい力がどれほど大勢の人を殺したかを聞いたとき、アインシュタインはルーズベルトにその製造を進言するのではなかったとひどく悔いたのだった。

　その戦争の何年かあと、晩年のアインシュタインは核兵器の脅威を非常に恐れていた。アメリカとロシアがいくつもいくつも核兵器を製造していることに注目していたのだ。彼は何とかしなければと思い、しばしば核戦争の危険性について説明した。

　アインシュタインは他の方法で社会を改善していくための活動を始めた。黒人の人権活動*を支持し、イギリスとアメリカにユダヤ人の国をイスラエルに建国することを求めた。

　1952年に建国したイスラエルは、アインシュタインを初代大統領に指名した！　彼は固辞したが、大勢の人がきっと彼はいい大統領になっただろうと思った。

***公民権運動**（black rights movement）　1950年代から1960年代にかけてアメリカの黒人が公民権の適用と人種差別の解消を求めて行った大衆運動

Einstein's Last Days

By the year 1955, Einstein knew that he was going to die soon. He had a serious heart problem, and it was getting worse. He looked back over his whole life, thinking about all the things he had done.

In this last year of his life, Einstein wanted to do something for peace. He talked to his old friend, the famous philosopher Bertrand Russell. They were both very afraid of the power of nuclear weapons, and they wanted to do something to make the world safer.

Einstein and Russell decided that they should get scientists to come together to sign a document calling for peace and an end to nuclear weapons.

■heart problem 心臓障害　■look back over one's life 人生を振り返る　■call for ～を要求する

晩年のアインシュタイン

　1955年になると、アインシュタインは自分の死期が近いことを知っていた。彼は心臓に深刻な問題を抱えており、それがさらに悪化していたのだ。彼は今までの人生を振り返り、今までしてきたことの全てを考えた。

　晩年のアインシュタインは、平和のための活動をしたいと思っていた。彼は、古い友人であり高名な哲学者のバートランド・ラッセル*と話をした。彼らは2人とも核兵器の力を恐れており、そして世界をより安全なものにするために何かをしたいと思っていた。

　アインシュタインとラッセルは、科学者たちを一同に集め、平和と核兵器根絶の宣言書に署名することを決めた。

---

*バートランド・ラッセル（Bertrand Russell）　イギリス生まれの論理学者、数学者、哲学者。1872-1970

This was the beginning of the Pugwash Conferences where scientists get together to talk about nuclear weapons and other problems, and to work for peace. They are still very important today.

　On April 12, 1955, Einstein went in to work, but he was in terrible pain. Someone asked him, "Is everything all right?" He answered, "Everything is all right, but I am not."

　Einstein stayed at home on the 13th. In the afternoon, he became even worse. The night was long and difficult, and the next day, a group of doctors came to his home. They told him that he had to go to hospital. Einstein did not want to go, but in the end, he had no choice.

　Einstein was a scientist until the very end. Even when he was dying, the only things that he asked for were his glasses, a pen, and his equations.

　Einstein knew that he did not have much more time, and the only thing that he wanted was to finish the unified field theory.

■get together 一緒になる、集まる　■pain 图 痛み　■until the very end 最後の最後まで、死ぬまで

これが、科学者たちが集まって核兵器やその他の問題について話し合い、平和のために活動するという、パグウォッシュ会議*の始まりである。この会議は現在でも重要なものである。

　1955年4月12日、仕事に出かけたアインシュタインはひどい痛みに襲われた。「大丈夫ですか？」と尋ねた人に、彼は「万事すべて大丈夫です、ただ私は大丈夫ではなさそうです」と答えた。

　13日の午後、自宅にいたアインシュタインの容態はさらに悪くなった。その夜はひどく苦しく長い夜となり、翌日、医師団が彼の家を訪れた。入院が必要だと医師は告げるが、アインシュタインは拒もうとした。しかし最終的にはそうするしかなかった。

　アインシュタインは最後の最後まで科学者だった。死に際でさえ、アインシュタインがほしがったのは眼鏡とペン、そして彼が作った方程式だった。
　アインシュタインは自分にはあまり時間がないということを知っていたが、彼がやりたいことは統一場理論を完成させること、ただそれだけだった。

---

*パグウォッシュ会議（Pugwash Conferences）　全ての核兵器および戦争の廃絶を訴える科学者による国際会議、1957-

His body was becoming weaker and weaker, but Einstein kept working. Sometimes he fell asleep, but as soon as he woke up, he picked up his pen and went back to work. He hoped that this would be his greatest theory.

Einstein had been working on his theory for more than 30 years, but he did not have any more time.

A little after 1 A.M. on April 18, 1955, Einstein said a few words in German and died.

Since Einstein died, he has only become more famous and important. Today, Einstein is everywhere. He is in books, he is in movies, and he is on T-shirts. But most of all, he is in our science and the things we use every day.

When we use a GPS, we need his theory of general relativity for the calculations. We also use general relativity when we calculate how satellites move.

Einstein's ideas gave us lasers and nuclear energy. He helped us to find black holes and showed us that the universe is getting bigger and bigger.

■fall asleep 眠り込む　■most of all とりわけ　■GPS 略 グローバル・ポジショニング・システム、全地球測位システム　■satellite 名 衛星　■nuclear energy 核エネルギー

彼は日に日に弱り、しかしそれでも研究を続けた。眠りに落ちては、しかしすぐに目を覚まし、ペンを取って研究に戻った。彼の最も偉大な業績になるであろう理論を完成させたかった。

　アインシュタインは統一場理論に30年以上の時間を費やしてきたが、もはや彼にはそれ以上の時間がなかった。
　1955年4月18日午前1時過ぎ、アインシュタインはドイツ語の言葉をいくつか残し、そして息を引き取った。
　亡くなってからも、アインシュタインはさらに有名になり、そして重要な存在になる一方である。今日、アインシュタインはありとあらゆるところに存在する。本の中、映画の中、Tシャツの中に彼はいる。とりわけ、私たちが知っている科学技術や、私たちが日々使うものの中に彼はいるのだ。
　GPSを使うにも、衛星の動きを計算するにも、アインシュタインの導き出した一般相対性理論が必要ということだ。
　アインシュタインは私たちに、レーザーや核エネルギーをもたらしてくれたし、ブラックホールの存在を知らしめ、宇宙が日々膨張していることを教えてくれたのだ。

We use Einstein's famous equation, $E=mc^2$, to calculate nuclear energy, to do PET scans in hospitals, and much, much more.

Most of the work that scientists are doing in physics today is based on his work. In the future, Einstein's theory of general relativity may even help us travel to the stars.

■PET scan ポジトロン断層法 (positron emission tomography : PET) スキャン

アインシュタインの有名な方程式 $E=mc^2$ は、核エネルギーを計算するのにも、病院でPETスキャン（放射断層撮影）を行うのにも、その他もっともっとたくさんのことに使われている。

　今日、科学者が行っている物理学の研究のほとんどは、アインシュタインが残したものを土台にしている。将来、星々への旅行をするときには、きっとアインシュタインの相対性理論が役に立つだろう。

TOEIC®/ビジネスで役立つ表現

TOEIC®・ビジネス英語の名トレーナー、ICCラーニングの鹿野先生が本文から厳選した重要語句や言い回しです。TOEIC®対策だけでなく、ビジネスシーンで使用度の高い例文を付けました。

□ either A or B「AかそれともB」

Einstein said that the universe must either be getting bigger or getting smaller because if it did not, gravity would move all of the galaxies together.（p.140, 6行目）

アインシュタインは、宇宙は大きくなっているか、それとも小さくなっているかのどちらかだと言いました。なぜなら、もしそうでないとしたら重力が銀河のすべてをいっしょに動かしてしまうからです。

e.g. The system can be operated in either automatic or manual mode.

このシステムは、自動または手動で操作できます。

They will either sell or close down the plant.

彼らは、その工場を売却するか閉鎖するでしょう。

□ make sure (that)「～に確実になるようにする」

When he saw the way that science had been used as a weapon during the war, he wanted to do something to make sure it was used only for peace.（p.142, 15行目）

戦争中に科学が兵器に使われるのを見た彼は、科学が平和のためだけに使われるようにするために何かしたかったのです。

e.g. Please make sure you understand the instructions.

指示を、確実に理解してください。

I'd like to make sure that they all work perfectly.
それらが正常に作動することを確認させてください。

☐ continue to do「〜し続ける」

During the 1920s, Einstein continued to travel all over. （p.144, 1行目）
1920年代、アインシュタインは各地を旅して回り続けていました。

e.g. Natural gas prices have continued to decline.
天然ガスの価格は下落が続いている。

Our business has continued to grow steadily.
我々の事業は堅調に伸びています。

☐ not just [only] A but also B「AだけでなくBも」

This theory would explain not just light and gravity, but also electrodynamics. （p.146, 7行目）
この理論は光と重力だけでなく、電気力学も説明できるだろう。

e.g. This app is popular not just in Japan but also in many countries.
このアプリは、日本だけでなく、多くの国で人気があります。

We have to consider not just cost but also quality.
我々は、価格だけでなく、品質を考慮する必要があります。

TOEIC®/ビジネスで役立つ表現

☐ **move on to**「〜に向かう」

They began to move on to other ideas, and once again, Einstein was almost alone.（p.148, 4行目）
彼らは別のアイデアに向かい、そして再び、アインシュタインはほぼ一人っきりになりました。

e.g. We can move on to the design phase.
我々は、設計段階に進めます。

Let's move on to the next subject.
次の議題に進みましょう。

☐ **any kind of**「どんな種類の〜でも」

One of the first things the Nazis did was to make a law that said no Jews could work in any kind of official job.（p.150, 9行目）
ナチスが最初にやったことの一つが、ユダヤ人はどんな種類の公的な仕事にも就けないという法律をつくったことです。

e.g. He can handle any kind of work.
彼は、どんな種類の仕事でもこなせます。

You can use any kind of software.
どんな種類のソフトウェアでも使えます。

☐ **it is possible to do**「〜することが可能だ」

But he still thought it was possible to find a better theory.（p.152, 17行目）
しかし、彼はまだもっと優れた理論を発見することが可能だと思っていました。

4

e.g. It is possible to compromise on this.
これに関しては、譲歩が可能です。

It is possible to get a discount on these prices.
これらの価格から、割引が可能です。

□ stop doing 「〜することを止める」

Einstein never stopped working on his theories, but after the 1920s, he was much more important as a man who worked to change society than he was as a scientist. (p.154, 8行目)
アインシュタインは、理論の研究を止めることはありませんでしたが、1920代以降になると、科学者としてよりも、社会を変える役割を果たすために重要な存在となっていました。

e.g. Due to the defects, they stopped selling the product.
欠陥のため、彼らはその製品の販売を中止しました。

We stopped dealing with the company because of its financial problems. その会社の経営不振から、取引を中止しました。

□ know much about 「〜に詳しい」

Einstein did not know much about the atom bomb, so Szilard explained it to him. (p.156, 4行目)
アインシュタインは原子爆弾について詳しく知らなかったので、シラードの説明を聞きました。

e.g. I don't know much about a computer.
コンピューターに詳しくありません。

We have to know much about green energy.
我々は、グリーンエネルギーをもっと知るべきです。

TOEIC®/ビジネスで役立つ表現

☐ in the end「結果的に」

Einstein never did any work on the atom bomb, and in the end, he was glad that he did not. (p.158, 13行目)
アインシュタインは原子爆弾の研究には関わりませんでしたが、結果的に、関わらなくて良かったと思いました。

e.g. In the end, the president of the company resigned.
結局、その会社の社長は辞職しました。

In the end, it's all up to yourself. 結局は、自分次第です。

☐ more and more「ますます」

He watched as the United States and Russia built more and more of them. (p.160, 7行目)
アメリカとロシアがますますそれらを（核兵器を）製造していることに注目しました。

e.g. More and more people depend on their smartphones.
ますます多くの人がスマートフォンに頼っています。

This product has become more and more common.
この製品は、ますます一般的になっています。

☐ call for「～を求める」

Einstein and Russell decided that they should get scientists to come together to sign a document calling for peace and an end to nuclear weapons. (p.162, 10行目)
アインシュタインとラッセルは、科学者を一同に集め、平和と核兵器根絶の宣言書に署名することを決めました。

4

> **e.g.** This project called for a lot of effort from us.
> このプロジェクトには、我々の大変な努力が必要でした。
>
> The report calls for a new strategy.
> そのレポートは、新しい戦略を求めています。

☐ beginning of 「〜の始まり」

> This was the beginning of the Pugwash Conferences where scientists get together to talk about nuclear weapons and other problems, and to work for peace. (p.164, 1行目)
> これが、科学者たちが集まって核兵器やそのほかの問題について話し合い、平和のための活動をするという、パグウォッシュ会議の始まりです。

> **e.g.** At the beginning of this year the government conducted a survey.
> 今年の初めに、政府は調査を実施しました。
>
> He made a mistake at the beginning of my presentation.
> 彼は、プレゼンテーションの出だしで間違えました。

☐ most of all 「とりわけ」

> But most of all, he is in our science and the things we use every day. (p.166, 11行目)
> 彼は、とりわけ、私たちの知っている科学技術や日々私たちが使っているものの中に存在しているのです。

> **e.g.** What is needed most of all is concrete advice.
> とりわけ必要なことは、具体的なアドバイスです。
>
> Most of all, we are interested in the design.
> 我々は、とりわけそのデザインが気に入っています。

ized)

付録：物理系ワードリスト400

高校物理で学習する基本的な物理用語を英語で紹介しています。

1. 電気編

アース　earth, ground
アンペア　ampere (A)
アンペールの法則　Ampere's rule
陰イオン　anion
陰極　cathode
陰極線　cathode rays
S極　south pole
X線　X-ray
N極　north pole
円電流　circular current
オーム　ohm (Ω)
オームの法則　Ohm's law
ガイスラー管　Geissler tube
可視光線　optical line
γ（ガンマ）線　gamma ray
気圧　atmospheric pressure
気体放電　electric discharge in gases
強度　intensity
クーロン　coulomb (C)
クルックス管　Crookes tube
蛍光灯　fluorescent light
原子　atom
原子核　atomic nucleus
コイル　coil
合成抵抗　combined resistance
交流　alternate current (AC)
交流電源　AC [alternating-current] power supply
交流モーター　AC [alternating-current] motor

極超短波　ultra high frequency wave (UHF)
磁界　magnetic field
紫外線　ultraviolet radiation
磁極　magnetic pole
磁気力　magnetic force
自転　rotation
磁場　magnetic field
周期　period
自由電子　free electron
周波数　frequency
周波数変調　frequency modulation (FM)
重力　gravitational force
重力場　gravitational field
磁力　magnetic force
磁力線　magnetic lines of force
真空放電　vacuum discharge
振動数　frequency
振幅　amplitude
振幅変調　amplitude modulation (AM)
スリップリング　slip ring
正電荷　positive charge
静電気　static electricity
静電誘導　electrostatic induction
整流子　commutator
赤外線　infrared radiation
接地　earth, ground
センチ波　super high frequency wave (SHF)
相互誘導　mutual induction

ソレノイド	solenoid
帯電	charge
帯電体	charge body
短波	high-frequency wave (HF), short wave (SW)
地磁気	terrestrial magnetism
中波	medium frequency wave (MF)
超短波	very high frequency wave (VHF)
長波	low-frequency wave (LF)
直線電流	linear current
直流	direct current (DC), continuous current
直流電源	DC [direct-current] power supply
直流モーター	DC [direct-current] motor, continuous current motor
直列接続	series connection
抵抗	resistance
定数	constant
テラヘルツ波	submillimeter wave, terahertz radiation
電圧	voltage
電荷	electric charge
電気	electricity
電気抵抗	electric resistance
電極	electrode
電子	electron
電子線	electron beam
電磁波	electromagnetic waves
電磁場	electromagnetic field
電磁誘導	electromagnetic induction
電磁力	electromagnetic force
点灯管	glow starter
電場	electric field
電波	radio waves
電離	ionization
電流	electric current
電力	electric power
導線	conducting wire
導体	conductor
箔検電器	leaf electroscope
白熱電球	incandescent light
波長	wavelength
発電機	electric generator
搬送波	carrier wave
左手の法則	left hand rules
比例定数	proportionality constant
ファラデーの電磁誘導の法則	Faraday's law
負電荷	negative charge
ブラシ	brushes
フレミングの左手の法則	Fleming's left-hand rule
フレミングの法則	Fleming's law
フレミングの右手の法則	Fleming's right-hand rule
分布	distribution
並列接続	parallel connection
ヘルツ	hertz (Hz)
変圧器	transformer
変調	modulation
放電	electric discharge
放電管	discharge tube
ボルト	volt (V)
右手の法則	right-hand rules
右ねじの法則	right-handed screw rule
ミリ波	extremely high frequency wave (EHF), millimeter wave (MMW)
誘電分極	induced polarization
誘導起電力	induced electromotive force
誘導電流	induced electric current
陽イオン	cation
陽極	anode
レンツの法則	Lenz's law
ワット	watt (W)

2. 波動編

位相	phase
薄膜	thin film
うなり	beat
運動量保存の法則	law of momentum conservation
n倍振動	nth harmonic
円形波	circular wave
凹レンズ	concave lens
オクターブ	octave
音の干渉	interference of sound
音波	sound wave
開管	open tube
開口端補正	open-end correction
回折	diffraction
回折格子	diffraction grating
回転軸	axis of rotation, pivot point
重ね合わせ	superposition
重ね合わせの原理	superposition principle
可聴音	audible sound
干渉	interference
干渉じま	interference pattern
輝線スペクトル	emission line spectrum
気柱	air column
基本振動	fundamental frequency, first harmonic
吸収スペクトル	absorption spectrum
球面波	spherical wave
共振	sympathetic vibration
共鳴	resonance
虚像	virtual image
屈折	refraction
屈折角	refraction angle
屈折の法則	law of refraction
屈折波	refracted wave
屈折率	refractive index
経路差	path difference
弦	string
原子スペクトル	atomic spectrum
光軸	optical axis
格子定数	lattice constant
合成波	synthetic wave
光速度	speed of light
光波	light wave
光路差	optical-path difference
固定端	fixed end
弧度法	circular method
固有振動	characteristic vibration
固有振動数	character frequency
孤立波	solitary wave
サインカーブ	sine curve
作用	action
作用・反作用の法則	law of action and reaction
3倍振動（第三高調波）	third harmonic
散乱	scattering
軸	axis
実像	real image
自由端	free end
焦点	focus
焦点距離	focal length
進行波	progressive wave
垂直軸	vertical axis
水平軸	horizontal axis
水面波	surface wave (water)
スネルの法則	Snell's laws of refraction
スペクトル	spectrum

付録：物理系ワードリスト400

スリット　slit
正弦曲線　sine curve
正弦波　sine wave
正立像　erect image
絶対屈折率　absolute refractive index
線グラフ　line graph
線スペクトル　line spectrum
全反射　total internal reflection
線密度　linear density
双曲線　hyperbola
相対屈折率　relative refractive index
相対速度　relative velocity
素元波　wavelet
疎密波　compressional wave
縦軸　axis of ordinates
縦波　longitudinal wave
単色光　monochromatic light
単振動　simple harmonic motion
単スリット　single-slit
超音波　ultrasonic wave
張力　tension
定常波　standing wave
デシベル　decibel (db)
伝播速度　propagation velocity
等速円運動　uniform circular motion
等速直線運動　uniform motion
倒立像　inverted image
ドップラー効果　Doppler effect
凸レンズ　converging lens
波　wave
波の回折　diffraction of waves
波の干渉　wave interference
波の速度　wave velocity
波の速さ　wave speed
2倍振動（第二高調波）　second harmonic
入射角　incidence angle
入射波　incident wave

ニュートン　newton (N)
ニュートンリング　Newton's rings
音色　timbre, tone
媒質　medium
倍率　magnification
白色光　white light
波源　wave source
波動　wave
波腹　antinode
波面　wavefront
パルス波　wave pulse
反作用　reaction
反射　reflection
反射角　reflection angle
反射の法則　reflection law
反射波　reflected wave
反射面　reflection plane
光の干渉　interference of light
光の散乱　scattering of light
光の分散　dispersion of light
復元力　restoring force
複スリット　double-slit
節　node
フラウンホーファー線　Fraunhofer lines
プリズム　prism
閉管　closed tube
平面波　plane wave
変換　conversion
偏光　polarization
偏光板　polarizer
ホイヘンスの原理　Huygens' principle
法線　normal line
ヤングの干渉実験　Young's interference experiment
横軸　axis of abscissas
横波　transverse wave
ラジアン　radian

臨界角　critical angle
レーザー　laser
レンズの公式　lens equation

連続スペクトル　continuous spectrum
連続波　continuous wave

3. 運動編

圧力　pressure
アルキメデスの原理　Archimedes' principle
腕の長さ　torque arm
運動　motion
運動の第1法則　Newton's first law of motion
運動の第2法則　Newton's second law of motion
運動の第3法則　Newton's third law of motion
運動の法則　law of motion
運動方程式　equation of motion
鉛直投射　one dimensional motion in the vertical direction
回転運動　rotary motion
加速度　acceleration
慣性　inertia
慣性質量　inertial mass
慣性の法則　law of inertia
偶力　couple
剛体　rigid body
合力　resultant of forces
最大静止摩擦力　maximum static frictional force
最大摩擦力　maximum frictional force
作用線　line of action
作用点　point of action
質点　mass point
重心　barycenter, center of mass

終端速度　terminal velocity
自由落下運動　free fall motion
重力加速度　gravitational acceleration
重力質量　gravitational mass
瞬間加速度　instantaneous acceleration
瞬間速度　instantaneous velocity
初速度　initial velocity
水圧　water pressure
垂直抗力　normal component of reaction
水平投射　horizontal projectile motion
スカラー　scalar
静止摩擦係数　coefficient of static friction
静止流体　static fluid
静止摩擦力　static frictional force
積分　integration
速度　velocity
惰性　inertia
単位面積　unit area
弾性体　elastic body
弾性力　elastic force
力の合成　composition of force
力の三要素　three elements of force
力の分解　decomposition of force
力のモーメント　moment of force
つりあいの力　balanced forces
等加速度運動　uniform accelerated motion

付録：物理系ワードリスト400

等加速度直線運動　linear motion of acceleration
等速度運動　uniform motion
動摩擦係数　coefficient of kinetic friction
動摩擦力　kinetic friction force
パスカル　pascal (Pa)
パスカルの原理　Pascal's law
ばね定数　spring modulus
万有引力　universal gravitation
万有引力の法則　law of universal gravitation
微分　derivation
フックの法則　Hooke's law
ブラウン運動　Brownian motion
浮力　buoyancy
分子　molecule
分力　component force

平均加速　average acceleration
平均速度　average velocity
平衡状態の　balanced
並進運動　translational motion
ヘクトパスカル　hectopascal (hPa)
ベクトル　vector
変位　displacement
放物運動　projectile motion
放物線　parabola
摩擦角　angle of friction
摩擦係数　coefficient of friction
摩擦力　friction force
水分子　water molecule
密度　density
流体　fluid

4. エネルギー編

位置エネルギー　potential energy
運動エネルギー　kinetic energy
永久機関　perpetual motion
液体　liquid
エネルギー　energy
エネルギー原理　energy principle
エネルギー保存の法則　law of conservation of energy
往復運動　reciprocating motion
音波エネルギー　sound wave energy
核エネルギー　nuclear energy
化学エネルギー　chemical energy
可逆変化　reversible change
核融合反応　nuclear fusion reaction
華氏温度　Fahrenheit degree

滑車　pulley
カロリー　calorie (cal)
気体　gas
キロワット　kilowatt (kW)
キロワット時　kilowatt hour (kWh)
空気抵抗　air resistance
クーロン力　Coulomb force
ケルビン　kelvin (K)
ケルビン温度　Kelvin scale
固体　solid
仕事　work
仕事の原理　law of work
仕事率　power
自然長　natural length
シャルルの法則　Charles' law

重力による位置エネルギー	gravitational potential energy
ジュール	joule (J)
ジュール熱	Joule heat
ジュールの実験	Joule's experiment
ジュールの法則	Joule's law
静止エネルギー	rest energy
静電気力	electrostatic force
セ氏温度	Celsius degree
絶対温度	absolute temperature
絶対零度	absolute zero
セルシウス温度	Celsius degree
第1種永久機関	perpetual motion machine of the first kind
第2種永久機関	perpetual motion machine of the second kind
弾性エネルギー	elastic potential energy
弾性力による位置エネルギー	elastic potential energy
断熱変化	adiabatic change
単振り子	simple pendulum
定滑車	fixed pulley
定積変化	isochoric process
電位	electric potential
電位差	electric potential of difference
電界	electric field
電気エネルギー	electric energy
電磁エネルギー	electromagnetic energy
電力量	electrical energy
等圧変化	isobaric change
等温圧縮	isothermal compression
等温変化	isothermal change
等温膨張	isothermal expansion
動滑車	moving pulley
内部エネルギー	internal energy
熱運動	thermal motion
熱エネルギー	thermal energy
熱機関	heat engine
熱効率	thermal efficiency
熱伝導	heat conduction
熱伝導率	thermal conductivity
熱の仕事当量	mechanical equivalent of heat
熱平衡	thermal equilibrium
熱力学	thermodynamics
熱力学第1法則	first law of thermodynamics
熱力学第2法則	second law of thermodynamics
熱力学第3法則	third law of thermodynamics
熱量	heat quantity
熱容量	heat capacity
熱量保存の法則	law of conservation of heat energy
ばね振り子	spring pendulum
光エネルギー	light energy
比熱	specific heat
非保存力	dissipative forces
ファーレンハイト温度	Fahrenheit degree
不可逆変化	irreversible change
物質の三態	three states of matter
物理量	physical quantity
ボイル・シャルルの法則	Boyle－Charle's law
ボイルの法則	Boyle's law
保存力	conservative forces
摩擦熱	frictional heat
無限遠点	point at infinity
力学的エネルギー	mechanical energy
力学的エネルギー保存の法則	law of conservation of mechanical energy
理想気体	perfect gas

● **E-CAT**
English Conversational Ability Test
国際英語会話能力検定

● E-CATとは…
英語が話せるようになるためのテストです。インターネットベースで、30分であなたの発話力をチェックします。

www.ecatexam.com

● **iTEP**
International Test of English Proficiency

● iTEP®とは…
世界各国の企業、政府機関、アメリカの大学300校以上が、英語能力判定テストとして採用。オンラインによる90分のテストで文法、リーディング、リスニング、ライティング、スピーキングの5技能をスコア化。iTEP®は、留学、就職、海外赴任などに必要な、世界に通用する英語力を総合的に評価する画期的なテストです。

www.itepexamjapan.com

[IBC対訳ライブラリー]
英語で読むアインシュタイン

2012年10月 1 日　第1刷発行
2021年 7 月15日　第2刷発行

著　　者　ジェイク・ロナルドソン

発 行 者　浦　　晋　亮

発 行 所　IBCパブリッシング株式会社
　　　　　〒162-0804 東京都新宿区中里町29番3号 菱秀神楽坂ビル9F
　　　　　Tel. 03-3513-4511　Fax. 03-3513-4512
　　　　　www.ibcpub.co.jp

印刷所　　株式会社シナノパブリッシングプレス
CDプレス　株式会社ケーエヌコーポレーションジャパン

© IBC Publishing, Inc. 2012

Printed in Japan

落丁本・乱丁本は、小社宛にお送りください。送料小社負担にてお取り替えいたします。
本書の無断複写（コピー）は著作権法上での例外を除き禁じられています。

ISBN978-4-7946-0171-1